知識ゼロからの

ロングトレイル入門

A Beginner's Guide to Long Trail

特定非営利活動法人
日本ロングトレイル協会 監修

LONGTRAIL

幻冬舎

LONG TRAIL?

はじめに

近年注目を集める自然に親しむアクティビティ

　昨今のアウトドアブームで、自然に親しむ遊びに関心が高まっている。その代表格として真っ先に挙げられるのが「登山」「山歩き」。素晴らしい景色や自然の動植物に出合えるアクティビティとして人気がある。

　そんな登山的要素も含みつつ、さらに山旅の要素など、多様な魅力を備えたアクティビティとして注目されているのが「ロングトレイル」だ。ここでは、日本のロングトレイルが誕生した背景を紹介したい。

WHAT IS A

WHAT IS A LONG TRAIL?

さまざまな道を歩き
その土地を丸ごと楽しむ

ロングトレイルとは、「歩く旅」を楽しむために造られた道のこと。発祥地の欧米には、多種多様なロングトレイルが存在する。

登頂を目指す登山とは異なり、ハイキング道や遊歩道、舗装道路、田畑のあぜ道など、さまざまな道を歩き、その土地の自然や文化、歴史に触れる——それが、ロングトレイルの特徴だ。

ひとたび自然の中に入れば、さまざまな動植物に出合う。四季があり、植生が豊かな日本の特徴でもある。

近所の裏山に分け入るような感覚。人々の生活に近い所を歩けるのは、ロングトレイルの楽しみのひとつ。

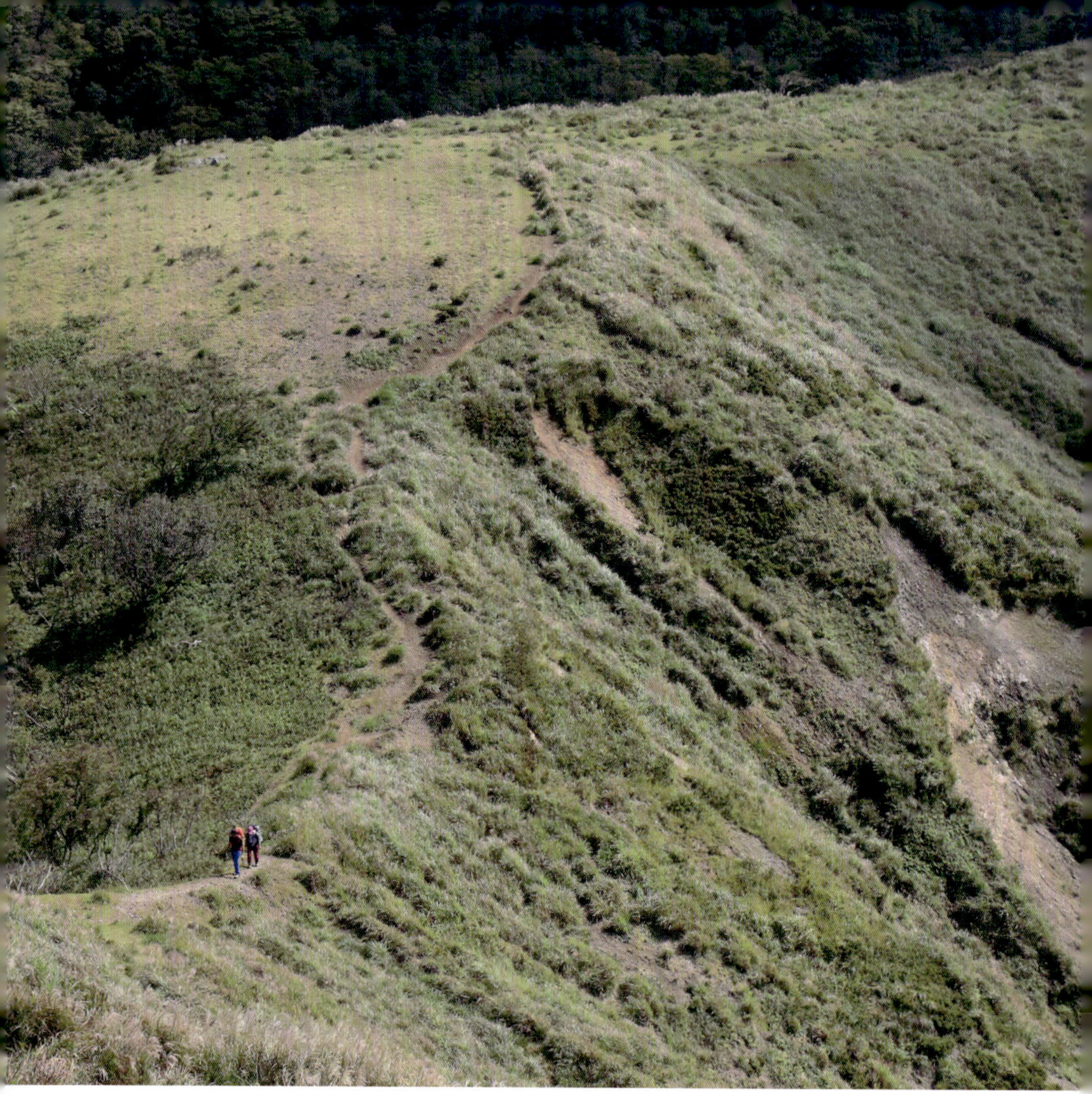

歩くことが再注目され各地で道の整備が進んでいる

日本でも、古くから「歩く旅」の文化が存在した。熊野古道の巡礼や、四国遍路がその代表格だ。近代以降、交通手段の発達によって誰もが歩くことから遠ざかっていたが、自然志向や健康への関心の高まりから、再び注目されている。

そこで誕生したのが、日本のロングトレイルだ。魅力的な登山道から、歴史ある街道、里山のノスタルジックな小路まで。さまざまな道をつないだロングトレイルの整備が全国各地で進み、今も少しずつその距離を延ばしている。

「歩く旅」はハイカーにさまざまなものをもたらす。健康、地元の人との交流、途中で食べる名物、歩き終えた後の温泉。歩くことを通じて何を求めるかにより、得られるものも変わる。そんな自由度の高さも、ロングトレイルの魅力だ。

WHAT IS A LONG TRAIL?

WHAT IS A LONG TRAIL?

自然の中で食事し、眠る。非日常の体験から得るものは大きい。とくに自然から遠ざかりつつある現代の子どもたちにとって、街では習得できない大切なことを学ぶきっかけになるだろう。

最初の一歩を踏み出して「歩く旅」の魅力を知ろう

本書は、そんなロングトレイルを歩き、楽しむための入門書だ。本書で紹介する、ロングトレイルを愛するハイカーの声や、歩くことをより楽しむためのアドバイスを通じて、「歩く旅」の魅力とおもしろさの一端に触れていただきたい。

また、ロングトレイルでは山岳エリアを歩くことが多いため、PART3～4では、基本的な登山の装備や知識について紹介している。自然の中を歩くことに慣れていない人も、本書を参考に、最初の一歩を踏み出していただけると幸いだ。

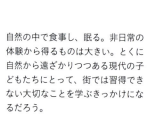

CONTENTS

PART

1

ロングトレイルに魅せられて

6人の
先輩ハイカー行動記

海外のコースを踏破する夫婦から、
ツアーを楽しむビギナーハイカーまで。
多様なアプローチでロングトレイルを楽しむ6人が語る、
歩くことのおもしろさ。

CASE 01

ロングトレイルは"旅"のひとつの方法。その土地の魅力にどっぷり浸かる手段です

２人で歩くことがベースにあるので、初めての地でも不安は少ない。何かあれば助け合って乗りきる（左ページ）

NAME：小川竜太さん

夫婦で歩き始めた2年後には、海外のコースにも挑戦。趣味が高じてアウトドア系ウェブマガジンの制作会社へ転職。

元来旅好きのバックパッカー歩く道のりに興味があった

野外音楽フェスを楽しんでいた小川夫妻が、ロングトレイルを歩き始めたのは４～5年前のことだ。

「登山とは無縁だったのですが、フェスの友だちが、ウルトラライトスタイル（p36参照）で登山をする人だった。それで初めて登山やロングトレイルの世界を知りました」

最初は山小屋泊、次はテント泊、慣れてきたらテントで連泊、というふうに泊数を延ばしていった。最初の1～2年で、信越トレイルや北根室ランチウェイ、国東半島峯道ロングトレイルといった日本のコースを歩き、その翌年には海外へ。ニュージーランドや香港のロングトレイルコースを、数週間かけて踏破した。

「頑張ってひとつのピークを達成する登山よりも、道のりそのものを楽しむことに興味があったんです」

と、小川さん。旅好きで学生時代にバックパッカーをしていた小川さんにとって、ロングトレイルを歩くことは抵抗なく身体に馴染んだ。

「僕にとってロングトレイルは、"旅"のひとつの方法。自然や街の中を歩いたり、泊まったり、名物を食べたり。その土地にどっぷり浸かるためのひとつの手段なんです」

2泊3日の装備があれば何日でも歩ける

旅慣れていることもあって、小川さんの荷物はとてもコンパクト。だいたい2泊3日の装備があれば、何

日でも歩けるという。Tシャツやアンダーウェアの着替えは泊数にかかわらず一替えずつ。あとは、調理と宿泊に必要な最小限の道具を担ぐ。宿泊には軽量なタープを使用している。

「タープはテントよりも簡易的なので、登山の場合は場所や状況によっては不安があるかもしれませんが、ロングトレイルのコースは高山ではないし、そこまで過酷な環境ではないので、十分事足ります」

長い距離を歩くなかで「お楽しみ」は欠かせない

最小限の荷物で歩く姿にはたくましさを感じる。とはいえ、我慢に我慢を重ねるストイックな道中かというと、全くそうではない。

「歩いているところを撮影してムービーを作るのが僕らのライフワークなんですが、撮影用の機材はかさばるし、持ち物の中では一番重いかもしれませんね。でも、荷物を軽くす

ニュージーランドの旅は3週間。広大な原野に圧倒されるマヴォラ・ウォークウェイ（上）や、氷河を間近に望むリース＆ダート・トラック（下）などを堪能

ニュージーランドでの宿泊は主にハット（山小屋）を利用。環境保護局によって非常に高いレベルで管理されているのだそう

最初の2年は、北根室ランチウェイ（右）や山陰海岸ジオパークトレイル（下）など、国内のさまざまなコースへ。そのほとんどがスルーハイクだった

るために楽しみを削るようなことはしたくないですから。大好きなお酒もしっかり持参します」

ストレスをためずに楽しむことに加えて、いざというときの柔軟な姿勢も、長い旅を支える大切な要素のひとつだ。

「ちょっとした頭痛や腹痛など体調を崩したりすることもありますが、2人でフォローし合って乗りきります。あとは、無理せずエスケープすること。体調や天候で不安があれば、予定を変更して民宿に泊まったり、バス移動にしたりもします。別に〝何が何でも歩かなければ！〟と気負うことはない。ロングトレイルだと登山より街に近いぶんエスケープルートが多いので、うまく利用して終始楽しく歩きたいですよね」

川下りを挟みながらお遍路をセクションハイク

今年は、9泊10日で四国のお遍路へ。徳島、高知、愛媛の一部ずつを歩く、いわばセクションハイク（p34参照）。道中にはパックラフト（※）を使っての四万十川の川下りも盛り込んだ。

「宿泊する民宿宛てに、事前に道具を送っておいて、川下りを楽しんだ後はコンビニエンスストアから送り返しました。海外のトレイルで数ヵ月かけて歩くときに途中通過地点宛てに物資を送ることがあるので、同様にやってみたんです。自転車など、ロングトレイルを歩く途中に他のアクティビティを挟みたいときにはいい方法だと思います」

※片手で持てるほど軽量でコンパクトなゴムボート。川下りやリバーツーリングを楽しむツールとして人気上昇中。

お遍路は、舗装道路以外にも川下りや山道など、バリエーションに富む道のりに。この荷物量で9泊10日を過ごすことに驚かされる

道中の一番の楽しみは人との出会い

ロングトレイルをさまざまな角度から満喫する小川さんだが、一番の楽しみは「人との出会い」だ。

「他のハイカーや地元の人との出会いは、かけがえのないものです。ニュージーランドで出会ったハイカーが、日本に歩きに来るときに連絡をくれたり、コースの事務局の人が僕らのムービーを紹介してくれたり。行った先で知り合って、今でもつながりのある人は多いですね」

今後は、スペインの巡礼路や、ラップランドにあるロングトレイルを歩いてみたいとか。小川さんの〝歩き旅〟はどんどん遠くへと延びていく。

＼ 小川さんの基本スタイル ／

装備

バックパックもウルトラライト系のブランドのものを使用。宿泊時はタープを使う。シューズはトレイルランニング用を着用。ウェアで一番重宝しているのは、ウインドジャケット。レインウェア代わりや日焼け防止に、季節を問わず活躍するそう。

食事

インスタント麺やフリーズドライを中心に、3食とも温かい食事をしっかり摂る。「2人ともすごくよく食べます」と小川さん。行動食はドライフルーツやエネルギーバーなど。現地の店や朝市などで、新鮮な野菜や果物を入手することも。

テントで就寝。タープの場合気になるのは夜間の虫刺されだが、「寝袋に入って顔にモスキートネットを被れば問題ない」と小川さん

CASE 02

子どもたちと一緒にもっと自然に親しみたい。3人で歩いた7日間は人の温かみに触れる旅でした

有志の方が設置した「トレイルマジック」に大感激

NAME: 中川史尋さん

２人の娘さん、莉々杏ちゃん（当時7歳）・瑚々杏ちゃん（当時5歳）と一緒に、信越トレイルのスルーハイクに挑戦！

子どもたちと一緒にもっと自然に親しみたい

岐阜県飛騨の生まれで、幼少期は自然に囲まれて釣りや山歩きを楽しんでいた中川さん。以来アウトドアからは離れていたが、「5年前、娘たちがだんだん大きくなってきた頃に、みんなで陣馬山（東京都）に行きました。そのときに自分の子どもの頃を思い出して、もっと自然に親しみたいと思ったんです」。

見たこともない風景や植物が新鮮だったのか、幼い子どもたちが泣き言もいわず楽しそうに歩いていたことも嬉しかった。

その頃、ロングトレイルハイカーとして知られる斉藤正史さんがアメリカのパシフィック・クレスト・トレイルを歩いた記事を読んでロングトレイルに興味を持ち、子どもたちと一緒に信越トレイルをスルーハイク（p34参照）する計画を思い立つ。

情報収集とトレーニング 10ヵ月前から準備

とはいえ、それほど長時間・長距離を歩くのは初めてのことだ。ましてや子どもの足では、通常のコースタイムの約1・5倍の時間がかかる。万全を期して臨むため、約10ヵ月前から少しずつ準備を始めた。

「事務局に連絡をとって計画を伝え、ルートや日程の相談にのってもらいました。当時、妹の瑚々杏は5歳。信越トレイルのスルーハイクに挑むのは最年少ということでした」

同時に長い距離を歩くトレーニン

初日。野々海湿原を歩く小さな後ろ姿

グも始めた。計画では、1日に歩く距離は約15㎞。そこで、子どもたちと一緒に奥多摩などの近場の山に何度か登り、1日に15㎞以上歩くことに慣れさせた。高尾山の麓に住んでいることもあって、トレーニングの場所には事欠かなかった。

「計画ではテント泊も挟む予定でしたが、子どもたちにとってはキャンプそのものが初めての経験。本番で使う2人用のテントを担いで雲取山へ登り、1泊2日でキャンプの練習もしましたね」

計画では、6泊7日かけて、北の終点・天水山から南の起点・斑尾山へと逆に南下するルートを選んだ。決行は夏休み。直前のゴールデンウィークにはゴール予定の斑尾山にみんなで登り、「夏にはここを目指すんだ！」と意志を固めた。

数々のトレイルマジックを感じながら過ごす

歩き始めてからも常に子どもたち

（上）水がある所では必ず涼を楽しんだ／（下）2日目に遭遇した不思議な生き物は、山ナメクジ。しかも交尾中！

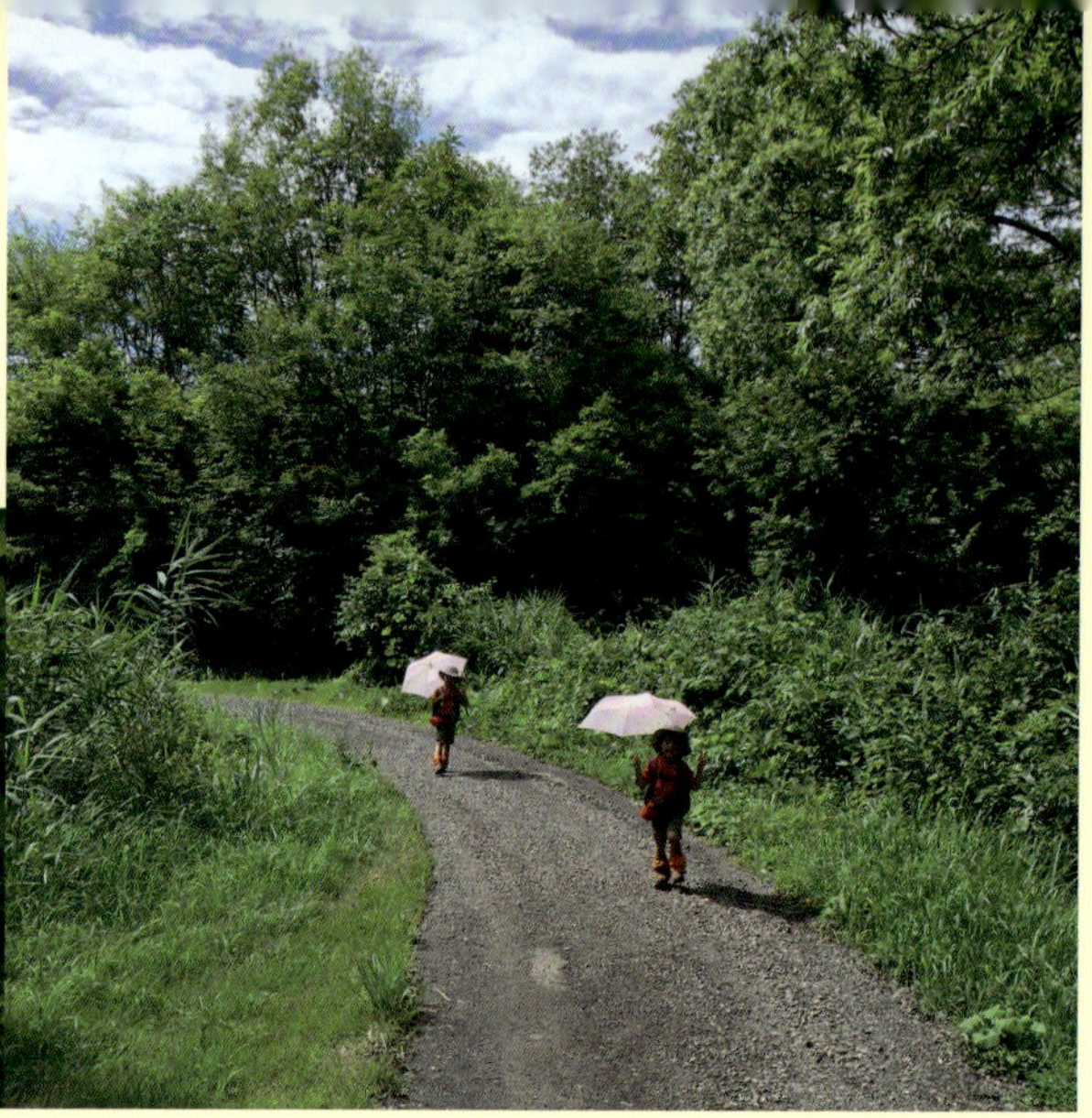

（右）厳しい日差しの下、林道を歩く。折り畳み傘の出番だ／（下）コース上に点在する信越トレイルのマーク。出合うたび親しみが湧く

の様子に気を配ってはいたが、登山で経験を積んだ2人は、大きな問題もなく歩けた。

「子どもたちの体力が心配で、食事には気をつけました。普段の登山から、トレイルミックスやナッツなどを密閉袋に詰めたセットを行動食としてそれぞれ持たせていたので、歩行中はそれをしっかり食べるように言っていました」

　また、子ども連れということもあってか、終始人の温かさを感じる旅だった、と中川さんは振り返る。

「他のハイカーの方が温かいおかずやおやつをお裾分けしてくれたり、事前に相談にのってもらっていた友人から差し入れをいただいたり。3日目に土砂降りにあったときには、テント場を予約していたのですが、急きょ無料で宿泊棟にアップグレードしてくれました」

　本で読んだアメリカのトレイルマジック（トレイルを支える有志の人たちによる手助け）のようなことが日本でも感じられるのだ、と嬉しくなった。

まだ先へと歩けるようなゆとりを感じたことが新鮮

アクシデントといえば、ひどい雷雨にあったことくらい。大きなケガやトラブルもなく、3人は計画通り7日目にゴールの斑尾山を踏んだ。

　歩ききった後は、登山後では得られないような「余裕」が感じられたことが新鮮だった。

「登山だと消耗が激しくて、2泊3日も縦走すれば、下りてきた頃には

朝昼兼用で脱脂粉乳と冷水をかけたコーンフレークを食べる。暑い道中に食べやすかったと中川さん

もうへとへとの状態でした。でも信越トレイルを歩いたときは、1週間歩いたにもかかわらず疲労感はなく、ゴール後もまだこのまま歩いて行けると感じられるゆとりがありました。子どもたちとも、歩きながらおしゃべりしたり一緒に流行の歌を歌ったりして、7日間ずっと楽しく歩けたという印象でしたね」

7日間の記録を、夏休みの自由研究にまとめた子どもたち。きっと思い出深い夏になったに違いない。

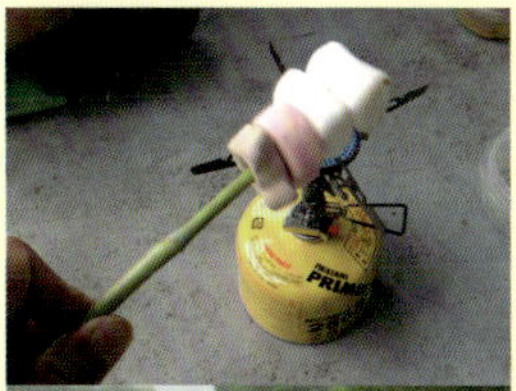

（上）焼きマシュマロは夜のおやつの定番。軽くて携行も便利／（下）ゴールでお母さんと愛犬がお出迎え

莉々杏ちゃんの自由研究。「踏破証」と一緒に旅の記録を展示した

\ 中川さんの基本スタイル /

装備

テント泊時は、2人用テントに3人で就寝。夏場なので防寒具は軽めのものを使用し、ショートパンツに軽いトレッキングシューズを着用。厳しい日差しを避けるために、折り畳み傘が活躍した。

食事

テント泊時の朝食・夕食は、フリーズドライ中心。昼食は行動食。食糧・物資は中継する宿泊施設に送り、6泊のうち2泊は宿泊施設での食事を楽しむ。「水が一番心配だったので、毎朝浄水器でその日のぶんを作るのを日課にしていました」

CASE 03

研究対象がロングトレイル。9つの道を歩くなか、ちょっとひやりとするエピソードも経験しました

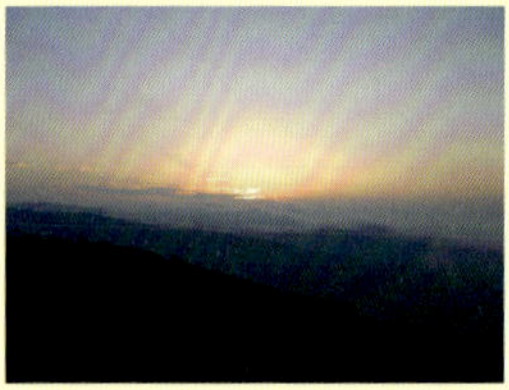
ひやりとした高島トレイルでも、早朝には素晴らしい日の出を拝めた

NAME：柄晃裕さん

大学での研究対象が「ロングトレイル」。自分でも歩いてみようと、フォーラムなどを利用して国内の9つのコースを回る。

セクションハイクで9つのコースを体験

大学で、環境教育を専攻していた柄さん。卒業間近、研究対象に選んだのがロングトレイルだった。

「自然の中の設定されたコースを歩くことで、どんな心理的変化があるかを調べようと思いました」

高校時代から趣味でオリエンテーリング（※）を楽しんでおり、自然をフィールドに遊ぶことには親しみがあった。9つの国内のコースをセクションハイクで歩き、出会ったハイカー約30人に取材を試みる。

「日本ロングトレイル協会が主催するフォーラムやシンポジウムに参加し、それぞれ20～40㎞を2泊3日程度で歩きました。どの道もしっかりしていて、少しひやりとすることがあっても一時的。登山に慣れない私も安全に歩ける印象でした」

と、柄さん。見たこともない景色に触れるのは素直に楽しいと感じられたし、寺社仏閣などの建造物や、山野の植物について詳しく教えてもらえるのもおもしろかった。

熱中症でダウン寸前浄水器に助けられた3日間

順調に研究を続けていたが、ひやりとするエピソードも。

「高島トレイルで初の単独テント泊を試みたとき、予想以上の暑さに熱中症になってしまいました。まともに歩けなくなり、テントで休みながらどうにか下山しました」

出発前にガイドさんに持たされた

※地図とコンパスを使って、山野に設置されたポイントを順番にたどり、ゴールまでのタイムを競う競技スポーツ。

霧ヶ峰・美ヶ原中央分水嶺トレイルの牧場を通る道。忘れられない光景のひとつ

浄水器を使って事なきを得たが、時期も含めてしっかり下調べをすることの大切さを思い知る旅だった。

さまざまな人と出会い 2つのタイプを実感

コース上でのさまざまな人との出会いを通じて、ロングトレイルを歩くハイカーには2つのタイプがあると感じたと柄さんは語る。

「昔登山経験があり、今はセクションハイクでのんびり歩くことを楽しもうとされる方と、生活に必要なものの一切を持ち歩き、困難への挑戦に楽しみを感じるような方です。前者と後者ではロングトレイルを歩くことに対して求めるものもそれぞれ異なるというのが僕の印象でした」

柄さん自身はどうだろうか。

「今は歩くことを純粋に楽しみたい。国内のコースで未踏の部分を歩くことから始めたいですね」

国東半島峯道ロングトレイルではスリリングな「やせ尾根」を体験

柄さんの基本スタイル

装備

各コースのホームページなどでの指示通りに、一般的なトレッキングの装備と軽いトレッキングシューズを着用。携帯トイレを携行するが「これまではどのコースもトイレが整備されていたので未使用です」。

食事

朝食、夕食は宿泊施設で。昼食は、ツアーで用意されたり、宿泊施設で作ってもらうお弁当。

CASE 04

デイハイクのツアーで「良いとこどり」！ひとつのコースの四季折々の姿を楽しみたい

ツアーでは地元の名物入り弁当が付くケースも多い

NAME：佐山亜希さん

出身地である高島の高島トレイルを愛するビギナーハイカー。ガイド付きツアーの楽しさに惹かれ、日帰りハイクを重ねる。

自然の美しさに感動。季節を変えて同じ場所へ

アウトドア系のレジャー施設で働く佐山さんは、登山経験がほとんどなかった。

「施設を訪れるお客様で山登りに興味を持たれる方が多く、どんなものだろうと思って体験ツアーに申し込んだのが、ロングトレイルを歩くきっかけでした」

初めて足を踏み入れたのは、高島トレイル。もともと高島出身で、地元を知る意味でも歩いてみようと思ったのが理由だが、それからというもの4回にわたり、季節を変えて高島トレイルのツアーに参加している。

「初めて行ったときに感じたのは、素直に自然が美しかったということ。それに、ガイドさんが風景や植生についてさまざまな解説をしてくれたのが、本当におもしろかった。だから、他のいろいろなコースを歩くよりも、この場所をまた別の季節に歩いてみたいと思ったんです」

実際はハードなコースも日帰りなら楽しめる

過酷なイメージの登山に比べて気軽に楽しめるのも、佐山さんにとって魅力的だった。実際には高島トレイルは決して初心者向きではなく、スルーハイクで挑むとハードな山行になる。

「でも、私が参加する日帰りのツアーは軽いトレッキングがメイン。送迎やお弁当も付いて、それほどつらい思いをせず、楽しめる時間が長

初めてのスノーシュー。「下りはとくに楽しかった。どこを歩いても下りられるという解放感がありました」と佐山さん

い。〝良いとこどり〟をしたい私には合っていると感じました」

スノーシューツアーで経験ゼロでも冬山を満喫

佐山さんにとって、とくに思い出深いのは、冬のツアーだ。貸し出してもらったスノーシュー（※）で、初めての冬山を満喫した。

「経験ゼロの私が楽しめたのも、ガイドさんが付いてくれたからこそ。良い時期に良い所だけを楽しみたい――そんな願いをかなえてくれるのがツアーの良さだと思います」

今は身近な所でデイハイクやツアーを楽しむが、今後は少し足を延ばしてみたいという気持ちもある。

「テント泊の経験がない私にとって、スルーハイクは少しハードルが高いイメージ。でも、楽しめる範囲でチャレンジしたいです」

ガイドさんが景色や植物について解説してくれる。新しい発見がたくさん！

佐山さんの基本スタイル

装備

ツアーでの指示通りに、一般的なトレッキングの装備。今はミッドレングスの登山靴だが、もう少し軽いシューズがほしいのだとか。

食事

朝食はしっかり食べて臨む。昼食はツアーで用意されるお弁当。行動食は菓子やチョコレート。「遠足感覚に近いです」と佐山さん。

※雪の上を歩くための歩行用具のひとつ。

CASE 05

自然の中だけでなく、地元の人の生活空間に近い所を歩くことにおもしろさを感じました

さまざまな形があり、一番おもしろかったというマンパス

NAME：土栄拓真さん

登山ガイドとして、全国各地の山を経験。仕事の一環でロングトレイルを訪れ、登山とは違ったおもしろさに触れる。

牧場、牛舎、マンパス……刺激の多い道中に

土栄さんが、登山ガイドの仕事の一環として北根室ランチウェイを歩いたのは、昨年のことだ。一緒に歩いたのは、山歩きに慣れた常連さんたちばかり。いつもは3泊4日程度を山で過ごすが、目先を変えて楽しみたいという要望があり、ロングトレイルのコースを歩いてみることにした。農場の牛舎を改造したゲストハウスに2泊し、3日間でおすすめの区間をピックアップして歩くセクションハイクだ。

「長い距離を歩くという意味では、仕事などで3～7日程度で縦走することはよくあります。でも、街や人の生活空間に近い所を歩くことは、予想以上に楽しかった。景色も良いうえ、牛舎のすぐ脇を通ったり、さまざまな形のマンパス（※）を通過したりといったお楽しみもあって、刺激の多い3日間でした」

セクションハイクで特徴的な所のみを選んで歩けたのも良かった、と土栄さん。常連さんたちからの評判も上々で、翌年には別のお客さんをともなって再訪した。

街より自然が多い山向けの装備は必要

北根室ランチウェイを歩いたときは、食糧の調達も宿泊施設近くのスーパーですませた。朝食・夕食用の食材や行動食など、補給が簡単で便利だった。

話を聞いていると登山より旅行に

※牧場を通過する道に設置された、牛を通さず、人だけを通すことができるゲート。

モアン山を眺めつつ、牧場の施設を縫って歩く

近い印象を受けるが、「〝街ではない〟ということを忘れてはいけない」と、土栄さんは語る。

「コースによりますが、ロングトレイルでは、自然の中を歩く時間が長い。数年前に信越トレイルの一部を歩いたときは登山に近いものでしたし、北根室ランチウェイの道も、アップダウンが少ないとはいえ多少の変化はありました。基本的な登山の装備や心構えは必要だと思います」

川沿いの道にはクマ除けのシンバルや鈴が用意されている

長ければ長いほど魅力的 県をまたぐ道を歩きたい

今後歩きたい道を尋ねてみた。

「街を感じるコースもいいですが、逆にできるだけ長く自然の中にいられるような道もいい。長ければ長いほど魅力的。スタートとゴールが別の県だと、ワクワクしますね」

土栄さんの基本スタイル

装備

普段の登山の装備を、少し簡素化。靴はコースによるが、「北根室ランチウェイならトレッキングシューズでもいいかも」と土栄さん。

食事

昼食は行動食（宿泊施設の近くのスーパーで調達したおにぎりやパン）。朝食・夕食はスーパーで食材を買い、ゲストハウスで調理。

CASE **06**

自分のお家を作って、そこで過ごす。それがたまらなく楽しくてテント泊を重ねています

NAME：柿内幸子さん

ハイク歴6年。ロングトレイルを歩くときはシェルターを担いでのスルーハイクが中心。荷物の軽量化を図り試行錯誤中。

初めて行った高島トレイル。他のハイカーとはほとんど出会わず、自分の世界に浸る旅だった（左ページ）

駒が池の写真に惹かれてロングトレイルを知る

6年前に登山ツアーに参加したことがきっかけで、ツアーや単独行の登山に親しみ始めた柿内さん。

「雑誌で高島トレイルの駒が池の写真を見て、素敵だなぁと。そこで初めて登山とは違うロングトレイルの存在を知りました」

早速、高島トレイルを3泊4日かけてスルーハイク。標高は低いもののアップダウンがあり、少しハードな道のりだったと振り返る。

「ほとんど人に会わず、4日間ずっと自分の世界に入っているような感じ。ちょっとした冒険みたいでした。でも、後に歩いた信越トレイルはまた違った印象で、人との出会いやふれあいがおもしろかったし、山の家でビールやシャワーも楽しめた。きっとコースごとの特徴や楽しみがあるんでしょうね」

荷物の軽量化が目標スルーハイクなら10kg以下

ロングトレイルを歩くときは、テント場を利用したスルーハイクが中心という柿内さん。テント泊の魅力をこう語る。

「〝自分で家を作ってそこで過ごす〟というのがたまらなく楽しいんです。風でシェルターが飛びかけてしまったのを直したり、雨対策をしたり。何が起こるかわからない事態に対処するのもおもしろいんですよね」

持ち物や装備は、軽さを追求している。いわゆる「ウルトラライ

ト」（p36参照）と呼ばれるスタイルだ。驚くほど軽くシンプルな作りのギアの数々に、最初は衝撃を受けたという。

「でも、身軽になると余裕が生まれ、そのぶん楽しめる。今では少しでも軽くしたいので、新しい道具を買うときは重さの表示をチェック。余裕があれば、出発前に荷物の重さを量るようにしています。スルーハイクで何泊もするときは10kg以下になるよう心がけています」

ハイカー同士で意気投合 最終日には一緒にゴール

仲間と休みを合わせるのが難しいこともあって、単独行が多い。夜は動物よけとしてラジオを点けたり、iPhoneで落語を流したりするが、特段寂しさを感じることはない。それに、単独行ならではの楽しい出会いもある。

「信越トレイルを歩いたときは、同じく単独行の3人のハイカーと仲良

（上）柿内さんをロングトレイルへと誘った「駒が池」／（下）愛用のシェルター。床がなく、土間になるので便利だ

信越トレイルの最終日。仲良くなったハイカー4人で食糧を持ち寄り、豪華な晩餐を楽しんだ

信越トレイルの爽やかなブナ林（左）と、高島トレイルの幻想的なブナ林（右）。さまざまな自然の表情に心を奪われる

くなりました。スルーハイクで似たような日程だと、宿泊するテント場が重なるので、日中はそれぞれ気ままに歩き、夜にテント場で再会という感じ。5日目にみんなで一緒にゴールを踏んだのは良い思い出です」

スタートとゴールで違う景色に出合える

普段から関西方面の山を中心に登山を楽しむが、ロングトレイルにはまた違う魅力があると語る。

「長時間・長距離を歩くうちにどんどん景色が変わっていき、ゴールではスタート時とは全く違う風景に出合える。それが、山頂を目指す登山とは違うおもしろさだと思います」

山岳エリア中心のコースを歩いてきたので、山陰海岸ジオパークトレイルなど、海を感じる道も歩いてみたいのだそう。

「もっと長い距離を歩きたい。いつかはアメリカなど海外のトレイルにも挑戦したいですね」

＼ 柿内さんの基本スタイル ／

装備

軽さを重視。シェルターやバックパックは、ウルトラライト系のブランドのものを使っている。調理には、アルコールストーブや固形燃料を使用。トレイルランニング用シューズで歩く。

食事

朝食は、インスタントコーヒーやパンを軽めに摂る。最近は饅頭やきんつばにハマっているそう。昼食は行動食（グラノーラやドライフルーツなど）ですませる。夕食は、玄米フレークやクスクス＋固形スープ＋乾燥野菜が定番。ご褒美のお酒も忘れず持参する。

PART

2

自然や文化とつながる歩く旅

ロングトレイル 7つの魅力

登山のように登頂を目的とせず、
自然や土地の文化に親しむロングトレイル。
世代や経験の有無を超えて楽しめる、
「歩く旅」の魅力。

ロングトレイルの魅力 1

気軽に大冒険に出かけられる

Q
ロングトレイルって過酷なイメージ……。体力がなくても楽しめますか？

A
大丈夫。街歩き系から体力勝負系までさまざまなコースがあります。

体力に応じて遊べる多様性あるアクティビティ

ロングトレイルの目的は、自然の中をより長く楽しく歩くこと。街中や公園を歩くウォーキングよりは刺激的で、登頂を目標とする登山よりも気軽に取り組める。宿泊日数やルート次第で、軽いハイキングにも大冒険にもなりうる。そんな多様性を秘めたアクティビティだからこそ、山歩きの経験がない人やアウトドアに慣れていない人も挑戦しやすい。体力に不安があるなら、最初は街歩きや歴史的建造物を巡るコースを選んだり、宿泊施設を利用したりして難易度を低く設定しよう。一気に歩く「スルーハイク」以外にも、数回に分けて全コースを踏破する「セクションハイク」という楽しみ方もある。ガイドを頼むのも一興だ。

山歩き中心のコースに挑む場合は、まずは低山で歩きやすい所を選ぶ。歩行中に水を補給しやすいかどうかも要チェック。コース上に水を補給できるポイントが多ければ、持ち歩く水の量が少なくてすみ、歩き慣れていない人でも安心だ。

【コース選びと距離の調節でまずは楽しく歩こう】

最初は長めのハイキング気分で里山や街歩きからスタート

歩き慣れないうちは、里山や街歩きを含む易しいコースを選び、宿泊施設を利用。少し長めのハイキングという感覚でトライしてみよう。

何回にも分けて歩くセクションハイクという楽しみ方も

何回かに分けて少しずつ歩くセクションハイクなら、体力に自信がない人や長期休暇がとれない人でも、週末を利用して気軽に楽しめる。

ガイドを頼めば安全安心かつおもしろさも2倍

山では安全面でも頼りにできるうえ、風土や植生の成り立ち、歴史的背景など、興味深い話を聞くこともでき、より深みのある旅になる。

最初から歩ききることを目標にすると疲れてしまう。まずはあまり気負わず、「ちょっぴりワイルドな旅に出る」くらいの気持ちで行くと、思いのほか楽しめるはずだ。

難易度の低い設定で始めれば、誰でも簡単に1歩を踏み出すことができます。

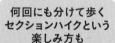

ロングトレイルの魅力 2

地図上に自分の足跡を残せる

Q
決められたコースでなければロングトレイルとはいえない？

A
そんなことはありません。自分で道をつなげてみるのも楽しいですよ。

好みのルートを作ったり装備の改善も楽しい

ロングトレイルを歩くハイカーは、宿泊施設を利用して1〜2泊でセクションハイクをする人が多い。しかし、歩き慣れると体力にも自信がつき、歩行距離を延ばしたり、難易度の高いコースに挑みたくなるものだ。結果、スルーハイクに挑戦する人や、好きな登山道や街道をつないで独自のルートを作る人もいる。

より長い距離をラクに歩こうとすると、どれだけ装備を軽くできるかが重要になる。最近では、できる限り軽くシンプルな装備や歩き方を目指す「ウルトラライト」というハイキングスタイルが登場。バックパックからマットまで、今までの登山用アイテムに比べると格段に軽量化されたギアが揃うようになっている。また、トレイルランニング用のローカットシューズで歩いたり、軽くコンパクトなアルコールストーブを利用するなど、より身軽な状態で自然とつながるスタイルを追求する人も増えている。歩くことに慣れてきたら、検討してみてもいいだろう。

【慣れてくると加速度的に楽しくなる】

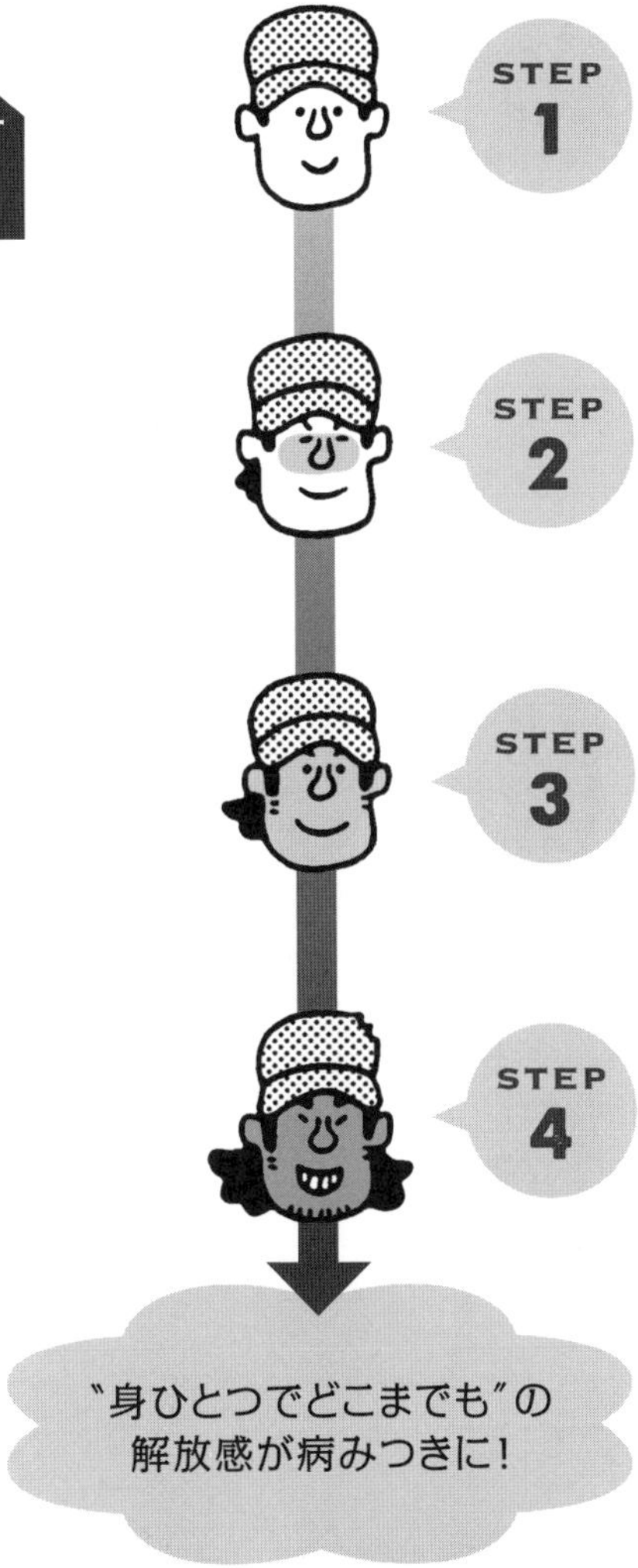
STEP 1

歩行距離・宿泊日数を延ばしたくなる

歩行やテント泊に慣れてくると、1～2泊では物足りなく感じることも。不自由さからくるストレスが減り、より長く自然の中に身を浸したくなるものだ。

STEP 2

より難しいコースに挑みたくなることも

若い人は体力に自信がつくと、より刺激的なコースに挑戦してみたくなることもある。悪天候などの多少厳しい環境も、それはそれで楽しいと思えるように。

STEP 3

装備を見直して身軽になりたくなる

何度も歩くうちに必要な装備と余計なものの判断がつくようになり、パッキングが上達。歩行スピードも上がり、身軽さを追求して装備の重量を見直すようになる。

STEP 4

地図を見るのが楽しくなる

歩くことが楽しくて、より長く歩きがいのあるコースを設定したくなる。地図を眺め、好きな登山ルートや街道をつないで、自分の好みのルートを作るようになる。

"身ひとつでどこまでも"の
解放感が病みつきに!

歩行に慣れると距離も延びます。体力と相談しながら足を延ばしてみましょう。

笑いあり涙ありの思い出ができる

Q

山で失敗したら
大変なことになりそう。
初心者でも
平気ですか？

A

しっかり下準備
すれば大丈夫。
多少の失敗は
受け入れましょう。

下準備が完璧でも小さな失敗は避けられない

日常を離れて自然の中に入ると、普段の生活では予想もつかないようなことが起こるものだ。ましてやより長い距離を歩くロングトレイルともなると、トラブルの種類も数もぐんと増える。遭難などの致命的な事故を避けるためには、しっかり下準備をすることが大切。装備を整えて地図を読み込み、万全の態勢で臨みたい（ｐ１０６参照）。

ただし、どんなに気をつけていてもちょっとした失敗は避けられない。歩き慣れない人に多く見られるのが、ギアや食糧の持ちすぎ。慣れないうちは何がどれくらい必要かわからないので、どうしても備えが多くなるためだ。何度も経験を重ねるなかで、自分に必要なものや量を見極め、調節していくしかない。

他にもウェアやテント泊での失敗など、セオリー通りにいかず、実際にやってみなければわからないことはたくさんある。多少の失敗は「笑い話」に、乗り越えた経験は「武勇伝」にして、次の計画に活かそう。

【慣れない頃によく起こるさまざまな失敗】

Start!
ウェアが気候に合わなかった
予想外の暑さ寒さはよくあること。新調したウェアのサイズ感や機能が合わないことも。
装備・食糧を持ちすぎた
万が一にと、必要以上の装備や食糧を用意したり、行動食を摂りすぎてしまいがち。
雨に悩まされた
天候チェックが不十分だと、歩行中常に雨や霧に見舞われ、景色が期待できない場合も。
途中で歩行を断念した
予想以上の悪天や健康トラブルで計画を断念。交通機関でエスケープせざるをえないことも。
風雨が強く眠れない夜に
とくに荒れ模様の場合、テント外の雨風や物音に緊張して、眠れぬ夜を過ごす羽目に。

長いトレイルに失敗はつきもの。笑い話にして、経験値に変えてください。

ロングトレイルの魅力 4

日常と非日常を自由に行き来できる

Q
何日もテント暮らしでお風呂に入れないなんて耐えられない！

A
ストイックにならなくてもOK。宿泊施設を挟んではどうですか？

山と里を行き来してラクをしながら楽しく歩く

　ロングトレイルというと、「テントを担いで自然の中を歩き続けるもの」というイメージを持つ人もいるが、必ずしもそういうわけではない。長く自然の中に身を浸すためにそういった歩き方を好む人もいるが、歩き慣れていない人にとっては、数日間山に入りっ放しになるのはハードルが高い。天候の変化や物資の補給、体調の心配など、不安要素も多い。

　しかし、山と里をわりと簡単に行き来できるコースを選べばトライしやすいはずだ。無理にテント泊にしなくても、宿泊施設を挟めば装備も軽くなり、息抜きもできる。何らかの理由で歩き続けるのが難しいときも、街道からバスやタクシーを使って速やかにエスケープできるので安心感もある。

　言い方を変えれば、自然を満喫して歩く「非日常」と、宿泊施設で何不自由なく過ごす「日常」を自由に渡り歩けるということ。

　ストイックになりすぎず、たまにはラクをしながら歩くといい。

【里から近いコースなら気分転換しながら歩ける】

非日常

**豊かな自然に囲まれて
野性的な生活を楽しんでみる**

登山道に1歩足を踏み入れれば、そこは非日常の世界。珍しい昆虫や植物を発見したり、野生動物と遭遇する機会もある。日本は植生が豊か。たとえ低山であっても多様な自然に触れることができる（p44参照）。

日常

**温泉やご馳走を楽しみ
電波の届く環境で快適に過ごす**

気分転換したいときや物資が不足してきたときは、近くの里や街へエスケープ。温泉を楽しんだり、宿泊施設の暖かい布団で眠って英気を養おう。テレビやインターネットでの情報収集、メールチェックの機会でもある。

**“世捨て人”になる必要はありません。
ときにはラクして楽しく歩きましょう。**

ロングトレイルの魅力

5

歩くこと以外にもさまざまな自然の楽しみ方がある

Q

ただ歩くだけという楽しさがいまいち理解できなくて……。

A

ヨガ、釣り、読書に酒盛り。さまざまな楽しみ方があります。

ひたすらゆっくり過ごす時間を作ってみよう

既存のロングトレイルのコースを歩く場合は、「○○から○○までを踏破」というふうに目標を立てて歩くことが多いだろう。歩くことそのものが楽しく、コースタイム通りに歩ききることで達成感も得られる。

しかし実際には、歩行以外にもさまざまな自然の中での過ごし方、楽しみ方がある。ときには歩行距離や時間を気にせず、ひたすらゆっくり過ごしてみるのもおすすめだ。

例えば、2泊3日のスケジュールを設定。1日目と最終日には日中を通してしっかり歩く予定を立てる。中日は早朝から昼まで歩いて早々にテントを張り、余った時間を渓流釣りや読書、昼寝に費やす……。そんな贅沢な時間の使い方も、ロングトレイルなら許される。

左ページでは、ハイカーが好む楽しみ方の例を挙げている。アウトドアレジャーというと「登山」か「キャンプ」の二択になりがちだが、もっと自由に身軽に、自分なりの楽しみ方で自然を満喫したいものだ。

【いつも何する？　先輩ハイカーの楽しみ方7選】

1 ヨガ

自然の中で、きれいな空気を吸いながら全身を伸ばす解放感は格別。酷使した筋肉をほぐすストレッチ効果も期待できる。

2 渓流釣り

静かな穴場を探し、釣り糸を垂れる時間は至福のひとときへ。入川が規制されていることもあるので事前に確認を。

3 読書

かさばらない文庫本を1冊持って行こう。テント泊の夜や雨で足止めされたときにおすすめ。熱いコーヒーと一緒に。

4 昼寝

天気が良ければ歩行を早めに終え、心ゆくまで昼寝するのも贅沢。テントを張らずマットのみで心地よい風を楽しんで。

5 写真

朝日や珍しい動植物など、感動的な被写体の宝庫だ。重量を抑えるため、できるだけ小さなデジタルカメラを携行したい。

6 スケッチ

小さなノートとペンさえあれば楽しめる。1日の終わりにルートや食事の内容を書き留め、行動記を作るのもおもしろい。

7 酒盛り

夜更かししすぎない程度に楽しもう。飲みきれる量の小瓶がおすすめ。ワインの酸化を防ぐ専用の水筒も市販されている。

自然の楽しみ方は十人十色。好きなものを持ち込んで、自然と付き合ってみよう。

ロングトレイルの魅力 6

野生の動物・植物と出合える

Q

奥深い山に入らなければ野生の生き物には出合えない？

A

低山や里山でも、意外に多くの生き物と出くわします。

日本の森は植生が豊か 多様な動植物が生息する

日本は四季の変化に富み、植生が豊かなので、低山でも多種多様な動植物に出合うことができる。ただし、生態系に影響を与えないために余計な干渉は避けなければならない。植物採集はNG。昔ながらの慣習でもある山菜採りも、大量に採るのはマナー違反になる。

また、動物への餌付けも絶対に禁物だ。タヌキやイノシシ、シカ、サルなどは、暖かい時期には比較的遭遇しやすい。なかには人を怖がらずに近寄ってくるものもいるが、食べ物を与えると、餌をもらうことに慣れ、人の食べ物の味を覚えてしまう。増えすぎたり人に危害を加えるようになると駆除の対象となるので、遠くから観察するだけにとどめ、関わりを持たないようにしよう。

春先や晩秋など寒さが厳しい時期には遭遇できる動植物の種類は減るが、わずかな痕跡は残っているものだ。ガイドを頼むと、見過ごしがちな痕跡や観察ポイントなどを教えてもらえる場合もある。

【野生生物には干渉しないのがマナー】

ブナの巨木。風雨をしのげるブナ林はテント泊の適地

捕獲や採集はマナー違反

天然記念物に指定されている植物やカブトムシなどはもちろん、さほど珍しくない植物や昆虫であっても持ち帰らないこと。

花は美しいが猛毒、トリカブト

コース上で多く見かける「クマハギ」。歯や爪で樹皮を剥いで樹液を舐めた跡だ

どんなにかわいくても餌付けは絶対NG

怖がらず近寄ってきても餌はあげないように。親子連れの動物は、母親が攻撃的になることもある。近寄らないで。

なかなか出合えないカモシカの親子連れ。近寄らず遠くから見守って

姿が見えなくても痕跡探しを楽しもう

写真のような剥ぎ跡のほか、足跡や食べかす、フン、ひと休みした跡など、注意して見るとたくさんの痕跡に出合える。

巨木に花、獣たち。出合ったこともない存在をすぐ身近に感じることができます。

ロングトレイルの魅力 7

自然以外のその土地の魅力にも触れることができる

Q 山や自然もいいですが、土地のものに興味があります。

A 山だけでなく、里や歴史的建造物を楽しむようなコースもありますよ。

その土地を丸ごと楽しめる 地元の人への配慮も大切に

ロングトレイルは山道を歩くことが多いため登山的要素が強いことは確かだが、それだけではない。牧場や酪農家の庭先を通る「北根室ランチウェイ」（p158参照）、江戸時代に物資の運搬に使用された歴史的な街道を歩く「塩の道トレイル」（p165参照）など、〝登山〟よりも〝旅〟に近いコースもある。

自然の美しさも含め、牧歌的な田舎の風景や地元の人との交流、名物など、その土地を丸ごとじっくり楽しめるのは、登山では味わえない魅力といえる。地図読みやコース確認などの下調べに加えて、土地の情報も集めておくと深く楽しめるはずだ。

里や街道を通るコースでは、地元の人への配慮を忘れないようにしたい。漁港や田畑の近くでは仕事の邪魔をしないように歩くこと。ゴミなどを残さないのはもちろん、迷惑のかかる場所でテントを張ったり食事を作るのもNG。宿泊地は事前に各トレイルの事務局などに確認しておくと安心だ。

【コース内や宿泊施設で土地の文化を楽しめる】

**おいしい
郷土料理や名物**

北海道の牧場の牛乳や奥津軽のしじみラーメンなど、土地の名物も楽しみのひとつ。出発前にリサーチしよう。

**歴史的建造物や
数々の伝承**

古い寺やかやぶき屋根の建物を横目に歩くコースもある。郷土資料館などで土地の歴史に触れるのもおもしろい。

**心洗われる
集落や里の風景**

山だけでなく里や街道を歩くコースも多い。ノスタルジックな田舎の風景を楽しむことができる。

**宿泊施設や
地元の人との交流**

ハイカーを温かく受け入れてくれる地元の人に感謝。マナーを守り、生活や仕事の邪魔にならないよう注意。

**土地に湧く
名湯・秘湯**

コースの近くにあればぜひ堪能したい。立ち寄りを想定して、簡単なお風呂セットを用意しておくといい。

登山的要素だけでなく、旅に近いコースも。
インドア派の人でも十分楽しめます。

COLUMN 01

里山は絶好の観察スポット

野鳥を探してみる

野鳥を見つけるコツは鳴き声をよく聞くこと

ロングトレイルで歩くような自然が豊かな里山や平地は、さまざまな野鳥の宝庫。深い森では見つけづらい野鳥も、田園地帯では意外に見つかるものだ。小さな双眼鏡を携行し、バードウォッチングを楽しむといい。

野鳥を見つけるコツは、声をよく聞くこと。声が聞こえたら、まずは耳を澄ませて方角をつかみ、肉眼で観察しよう。動くものが認められたら、視線をそらさず双眼鏡を目に当てる。くり返すうちに目が慣れ、見つけるのがどんどん上達するはずだ。

【里山で見つけやすい野鳥たち】

＼チィー／

メジロ

全長12cm。目の周りが白いことが名前の由来。緑色の背が美しい。冬季の寒冷地を除く全国で見られる。

＼ヒッ ヒッ／

ジョウビタキ

全長15cm。冬、積雪のない地方で見られる。翼に白い斑があり、メスは茶がかった灰色、オスは胸や腹が橙色。

＼ツーピー ツツピー／

シジュウカラ

全長14cm。白い頬と、胸から腹にかけての黒い帯が特徴。市街地から山地まで、幅広い地域で出合える。

PART
3

無駄を省いてもっと身軽に

少数精鋭の道具と食糧で行こう

歩く際の装備は、登山と同じ。
終始快適に過ごすためのウェアやギアから、
体力維持に欠かせない食事まで。
過不足なく準備してスタートをきるには。

ウェアの基本

アウトドアウェアの重ね着で冷えや疲れを軽減しよう

機能的なウェアを選びこまめに着脱して体温調節

アウトドアウェアの機能性は、日日進化している。一見普段着と変わらないファッショナブルなウェアでも、乾きやすく汗冷えを防ぐ素材や、動きやすいカッティングなど、より快適に過ごすためのアイデアが詰まっている。

気をつけたいのは、街着を売る店などで販売されている、「アウトドア風」のウェア。デザイン性が高く街で着るぶんにはいいが、実際の山では役立たないことも。見た目に惑わされず、アウトドアショップで専用のウェアを選ぼう。

また、天候が変わりやすいうえ発汗量も増える山道では、1着ですべての状況に対応することは難しい。複数のウェアを重ね（レイヤリング）、状況に応じてこまめに脱ぎ着して体温調節をおこなうのが鉄則だ。

セオリーをうのみにせず試行錯誤して快適さを追求

山でのウェア選びには左ページのようなポイントがある。ただし、暑さや寒さ、快適さなどの感じ方は人によって異なる。セオリーをうのみにしないことも大切。

例えば、藪の多い日本の山では夏場でもロングパンツが推奨されるが、動きやすさや通気性の良さからショートパンツを選ぶ人は多い。

要は「安全・快適に歩ける」と判断できるならOK。自分に合ったスタイルを探してみよう。

歩行中も快適に過ごす服装のポイント

1 衣類を重ねる「レイヤリング」が鉄則

暑さや寒さ、雨など、さまざまな気候で快適に過ごせるよう体温調節ができる重ね着が鉄則。

2 季節や行き先に合ったものを選ぶ

時期や標高によって適した衣服は異なる。p52～55を参考に、毎回コーディネートを検討しよう。

3 街着ではなくアウトドア用のウェアを揃える

歩いていると普段着では対応できないほど汗をかく。吸汗・速乾性を備えた専用のウェアを選ぶ。

4 最初は失敗上等！試行錯誤が大切

実地に出なければわからないことは多い。試行錯誤して自分に合うウェアやスタイルを見つけて。

5 涼しく感じるくらいの服装がベース

歩き始めるとすぐに身体が温まる。少し涼しいと感じるくらいの服装で歩き始めるとちょうど良い。

街着用の
保温・発熱ウェアを
着てきたら、
汗をかいて
冷えてきちゃった！
街着用の
タイツにしたら、
蒸れて
気持ちが悪い……

トレイルの環境や運動量に見合わないウェアは、不快なうえにじわじわと体力を奪う。街着とは別と考えてじっくり選ぼう。

シーン別スタイル徹底解剖

真夏から温度変化の激しい春・秋、テント泊、雨の日まで。シーンに合わせたウェアと重ね着の例を紹介しよう。

帽子&速乾ウェアで熱中症や汗冷えを防ぐ

WEAR 夏

[肌寒いとき]
ウインドシェルやシャツなど薄手の長袖を重ねる

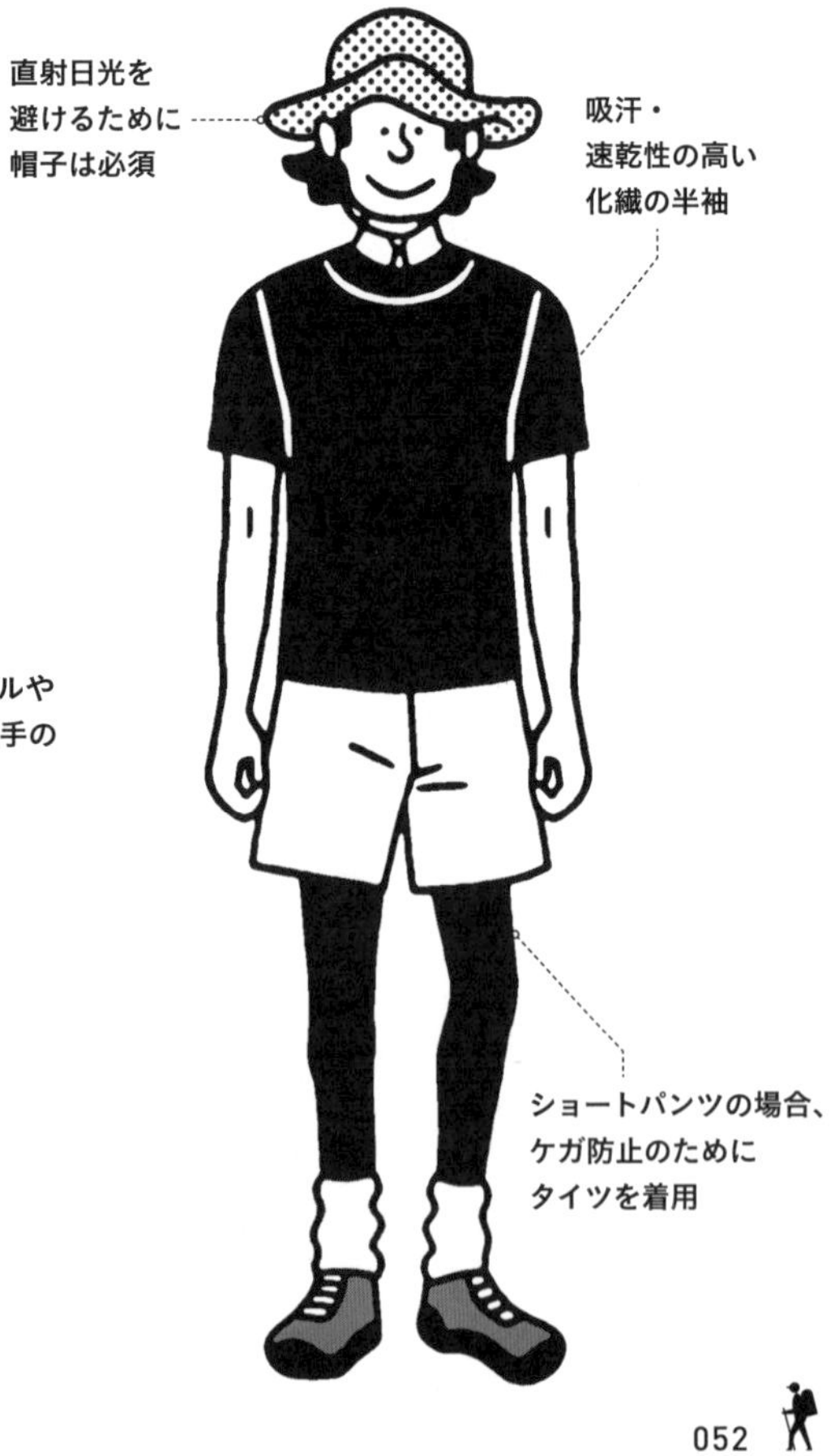
[基本のスタイル]
直射日光を避けるために帽子は必須
吸汗・速乾性の高い化繊の半袖
ショートパンツの場合、ケガ防止のためにタイツを着用

発汗量が多いうえ、標高の高い場所ではわずかな休憩でも汗が冷えて体温が奪われる。吸汗・速乾性の高い半袖のベースレイヤーを基本にし、強風などで肌寒いときには薄手の長袖を羽織ろう。

涼しさを求めてショートパンツを選ぶ場合は、タイツを重ねて安全性を確保する。

熱中症を防ぐため、帽子も必須。首の日焼け対策にはハット型がおすすめだ。

WEAR
春・秋

ウェア2枚or3枚重ねで気温の変化に対応

［ 肌寒いとき ］

ソフトシェルや
レインウェアなどの
アウターを重ねる

［ 基本のスタイル ］

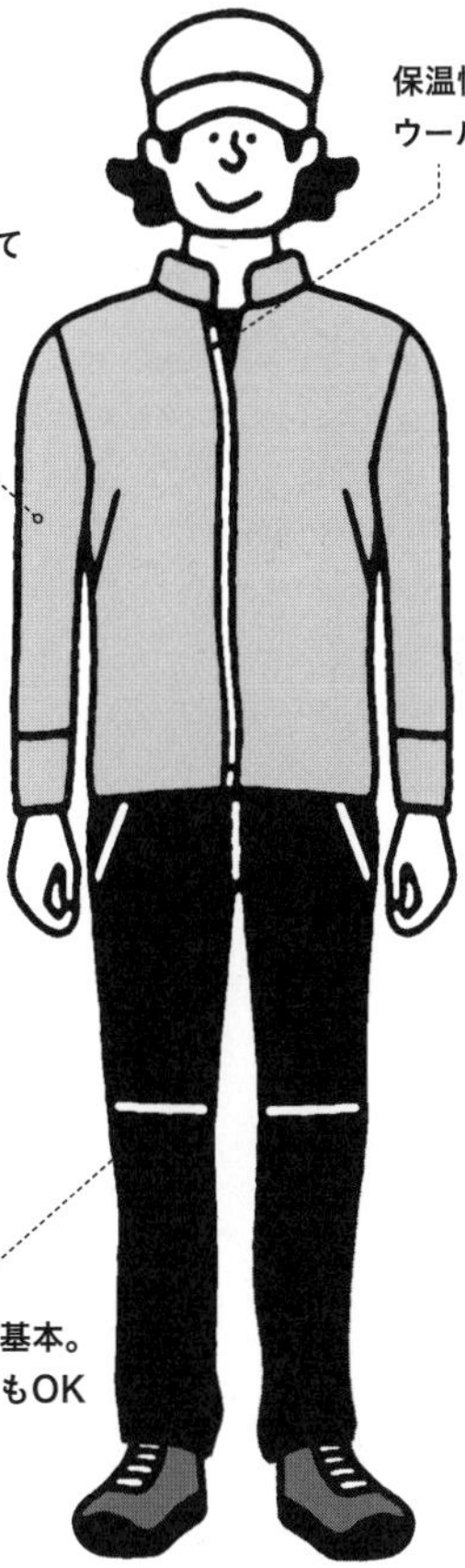
保温性の高い
ウールの半袖
保温性の高い
長袖を脱ぎ着して
体温調節
ロングパンツが基本。
タイツを重ねてもOK

時間帯や日によって温度変化が激しい季節。朝晩は冷え込む日も出てくるので、基本的には保温性を重視したウェアを選ぶ。そのうえで半袖や長袖を2～3枚重ね着し、気温に合わせてこまめに体温調節できるようにしておくといいだろう。

筋肉量の少ない女性などで寒さを感じる場合は、ロングパンツの下にタイツを重ねてもいい。

WEAR テント泊

夏でも夜は冷える。防寒着を重ねて暖かく

[とても寒いとき]

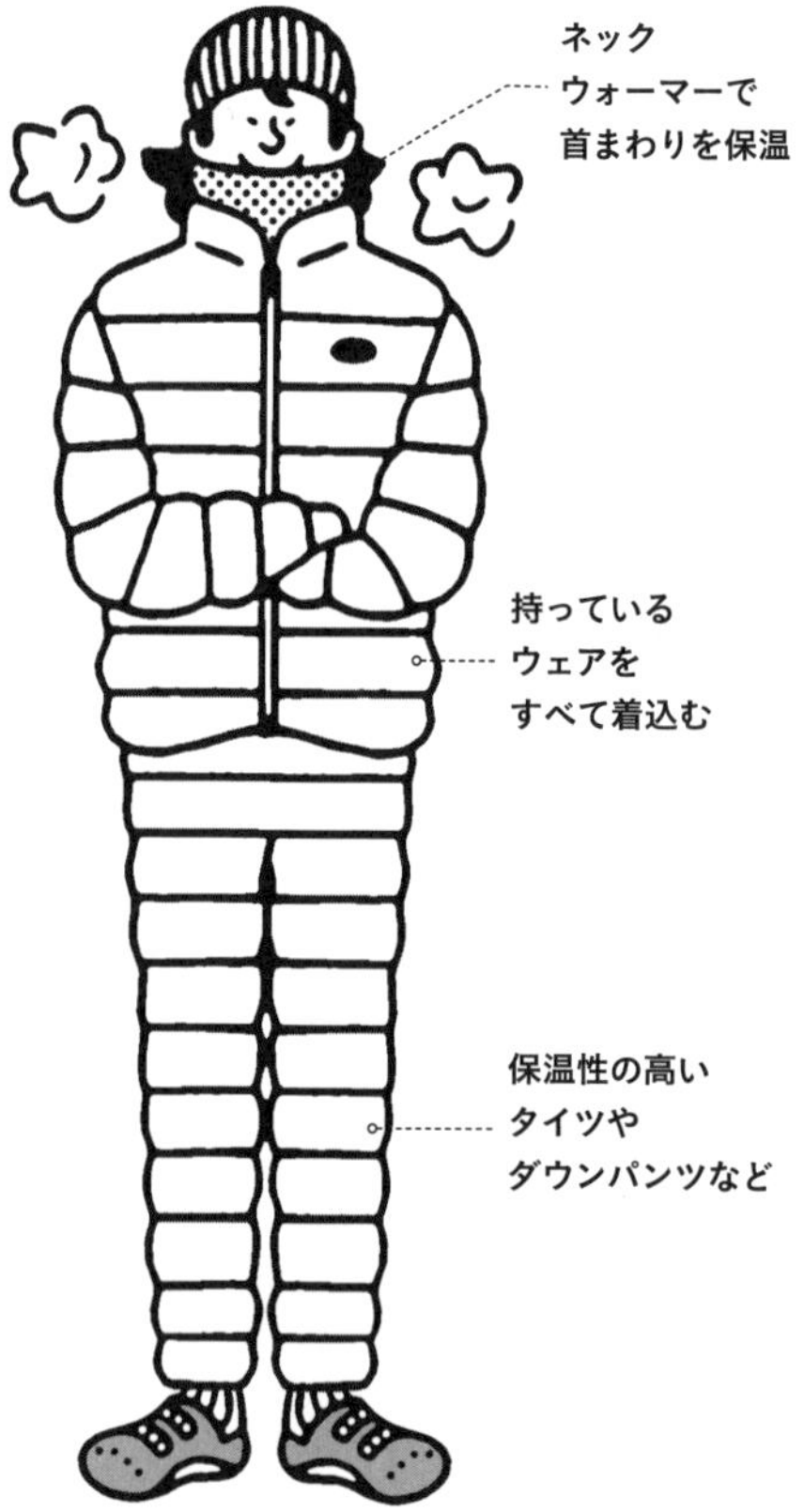
ネックウォーマーで首まわりを保温
持っているウェアをすべて着込む
保温性の高いタイツやダウンパンツなど

思いのほか冷え込むときは、持ってきたウェアをすべて身につけよう。タイツやダウンパンツを重ね、下半身も暖かく。首まわりの保温にはネックウォーマーがあればいいが、タオルを巻くだけでも違う。

[基本のスタイル]

ウールの帽子なら保温力アップ
ダウンや化繊の防寒着を重ねる
乾いた靴下とサンダルで足を休める

高所では真夏でも夜は冷える。防寒着を用意すると安心。ウールの帽子に替えるだけでも、体感温度は上がる。夜の時間を楽しむときは、新しい靴下とサンダルに履き替え、1日酷使した足を休めて。

WEAR
雨

小雨で歩きやすい道なら傘やポンチョも選択肢に

[歩きやすい道で小雨のとき]

コンパクトで軽い
折り畳み傘

バックパックごと
覆える
レインポンチョ

開けた里山や街を歩くコースで、小降りのときなどは、折り畳み傘やポンチョ（頭や腕を通すだけで簡単に羽織れるレインウェア）でしのいでもいい。足元は濡れるが、手軽だからとこの方法をとる人も多い。

[基本のスタイル]

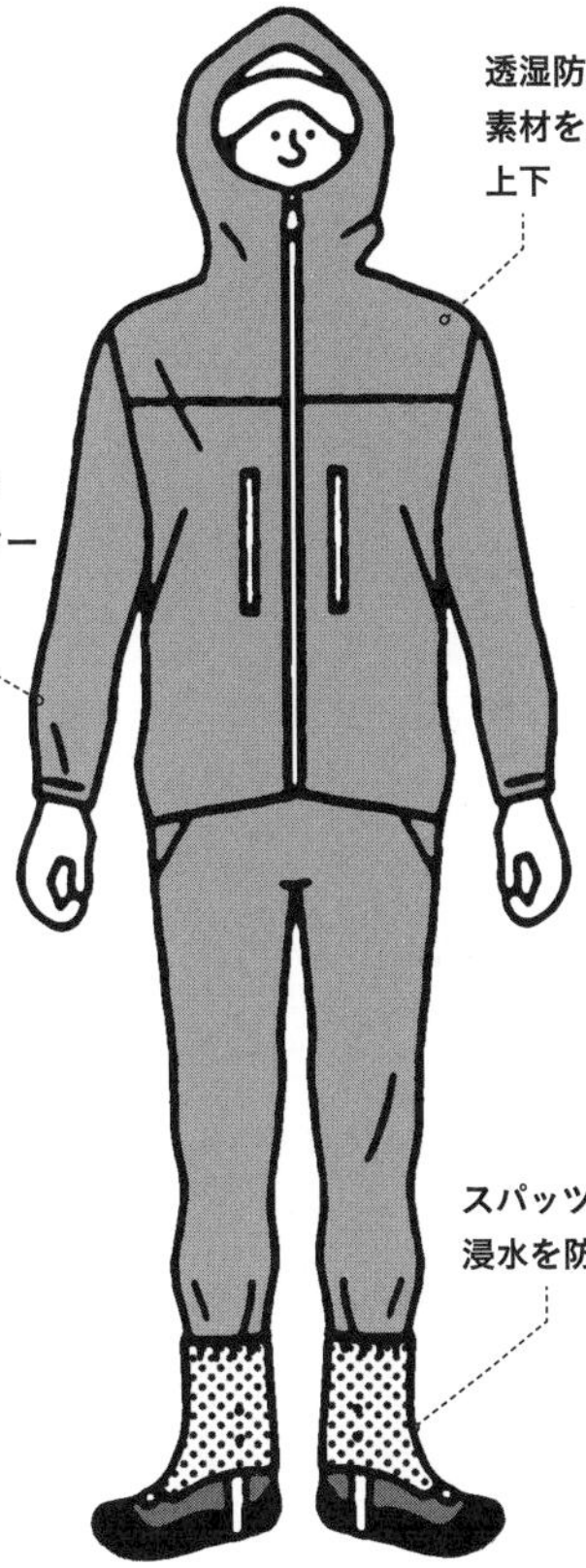
透湿防水性
素材を使った
上下
透湿性を
損なわないよう
中は長袖がベター
スパッツで
浸水を防ぐ

山の天気は変わりやすい。雨対策は必須。上下セパレートのレインウェアは、動きやすく、雨水の侵入もほぼ防げる。ウェアの透湿防水機能を最大限に活用するため、中に長袖を着るのがおすすめ（p64参照）。

ベースレイヤー

一番肌に近いウェア 主な役割は汗のコントロール

もっとも重要なウェア 高価でも良いものを選ぼう

ベースレイヤー（下着）は、ウェアのなかでもっとも重要だ。歩行中にかく大量の汗を吸って発散し、肌を常に乾いた状態に保つのが、ベースレイヤーの役割。これがないといつまでも汗が肌に残り、不快なうえ、冷えた汗によって体温を奪われてしまう。下に着るものだからと手を抜かず、多少値が張るとしても良いものを選びたい。

袖丈やフィット感はさまざまだが、素材は主に、化学繊維とウールの2種類。それぞれに特性がある。なかには化学繊維とウールの混紡で長所を併せ持つものもある。季節やシチュエーション、着心地で選ぼう。

肌を常に快適に保つための3つの特徴

消臭や保温など環境に合わせた機能

夏場は汗の匂いを抑える消臭機能、寒い時期には体温を逃がさないようにする保温機能など、季節に合わせた機能が備わっているものが多い。

伸縮性が高く身体にフィットする素材

吸水性の高い素材は、肌に密着することで効果を発揮するため、伸縮性がありタイトなシルエットが多い。サイズもジャストフィットを選ぼう。

吸水性・速乾性の高い生地を使用している

肌にじかに触れるので、肌の表面の汗を素早く吸い上げ、かつ肌に戻さないことが大切。水分を吸収しやすく乾きやすい素材が使用されている。

化繊？ ウール？
＼ シーンに合わせて素材を選ぶ ／

PeakPerfor

化学繊維

**吸汗性から保温性まで
さまざまな機能を持つ**

ポリエステルが多く、ベースレイヤーの素材としてもっとも一般的。吸汗性や速乾性、保温性など、ウェアによってさまざまな特性を持つので、季節やシーンに合わせて選べる。清涼感を感じさせるものや消臭性を備えたものなど、新機能が続々と登場している。

【特徴・適した環境】

- 比較的安価なものが多い
- 機能を選べる
- 汗をたっぷりかく初夏～初秋にかけて

ウール

**夏は涼しく冬は暖かく
高品質の天然素材**

肌に直接触れてもチクチクしない高品質のメリノウールが中心で、価格は高め。保温性に優れ、寒い時期にはとくに活躍する。それでいて、暑い環境においては涼しさを感じさせ、天然の防臭効果も備えているので、夏場のベースレイヤーとしても使える。

【特徴・適した環境】

- 比較的高価なものが多い
- とくに保温性に優れている
- 冬など気温の低い時期におすすめ

ベースのさらに下に着てより吸汗性を高めるウェアも登場

ベースレイヤーの吸水性をサポートするようなウェアも登場している。撥水性の高いメッシュ生地で肌の表面についた汗をはじき飛ばし、上に重ねたベースレイヤーで吸水する。発汗量の多い時期や、よく汗をかく人は試してみてもいいだろう。

❶肌
汗をかく
❷ドライレイヤー
撥水性の高いメッシュで汗をはじき飛ばす
❸ベースレイヤー
汗を吸って肌に戻さない

ミッドレイヤー・アウター

ベースレイヤーの上に着て寒気や風雨から身を守る

機能を細分化することで種類が増えている

ベースレイヤーの上に重ねるウェアは、ミッドレイヤー（中間着）やアウター（上着）と呼ばれる。風雨を防ぎ、身体を温めるのが役割だ。

シャツやフリースなどさまざまなウェアがあり、なかでもシェルは、機能的に細分化して種類が増えている。どれを選ぶかは、季節やシチュエーションで決める。

例えば、真夏の行動中に風が少し冷たく感じるときは、シャツや薄手のウインドシェルを羽織れば十分。寒さが厳しければ、暖かいフリースやタフなハードシェルを重ねて保温する。それぞれの特性を理解して、賢く選択したいものだ。

COLUMN

ダウンや中綿入りウェアがミッドレイヤーになることも

ダウンや中綿入りのウェアは、行動中に着ることはほぼない。ただし、ベストや薄手のものなら、寒いときにミッドレイヤーとして、アウターの中に着込むこともできる。固定観念にとらわれず、あらゆるものがミッドレイヤーになりうると覚えておこう。

\ 季節やシーンに合わせて選ぼう /

日差しや微風を遮る

シャツ

暑い時期の紫外線対策やちょっとした風よけとして、1枚持って行くと便利。街で着るコットンシャツでも問題ないように思えるが、撥水性や速乾性を備えたアウトドア用の化繊のもののほうが安心だ。

保温性を確保する

フリース

春や秋など寒さが予想される時期におすすめ。保温性は高いが毛足が長く、かさばるため敬遠されがちだったが、最近では暖かさをキープしつつ起毛を抑えたマイクロフリースという薄手のものも登場している。

さまざまな用途で活躍

シェル

「殻」という名前通り、レイヤリングの一番外側に着て、風雨から体を守る役割のウェア。タフなハードシェルから風よけ機能に特化したウインドシェルまで、さまざまな種類がある。目的に合わせて選ぼう。

[ハードシェル]
シェルのなかでもっとも透湿防水性に優れている。耐久性が高く、過酷な環境向き。レインウェアもこれに含まれる。

[ソフトシェル]
防水性を省くことで軽量化するとともに、透湿性や伸縮性を持たせて、快適さを重視。低山や歩きやすい道では使いやすい。

[ウインドシェル]
耐風性や透湿性を重視。保温性はそこまで高くないので、夏場の風が強いときや、少し肌寒く感じるときなどに適している。

トレッキングパンツ

使い勝手を左右する丈と、快適さ、安全性を考えて選ぶ

丈や素材の違いだけでなく細かい機能性も見比べて

トレッキングパンツを選ぶうえで一番に考えたいのは、動きやすさ。引っ掛かりやばたつきがなく、足さばきが良いことは必須条件だ。

また、下半身は筋肉量が多く意外に汗を多くかく。速乾性や蒸れを防ぐしくみも大切になる。丈や素材の違いはもちろん、より快適に歩くための工夫が随所に施されているので（下図）、よく見比べて慎重に選ぼう。

丈の長さは基本的には好みで決めていいだろう。難所も含む登山では、安全性の面からロング丈が推奨されるが、比較的歩きやすい道が多く里や街歩きを含むロングトレイルの場合は、ショート丈でも問題はない。

快適さを追求する細部のこだわり

ベンチレーター

内部の蒸れを逃がし、外気を取り入れる通気穴。ポケットと同化している場合もある。

ウエストの裏地

吸水性の高い生地や通気性の良いメッシュなどを使い、発汗対策をしているものも多い。

ドローコード

裾のもたつきを抑える。ブーツの上で絞ることによって、小石などの侵入を防ぐ効果も。

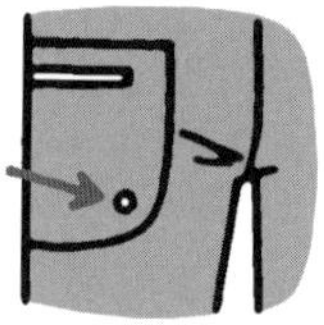

ポケットの穴

ポケットに入った水を逃がすための穴。レインパンツを履かない人にはありがたい機能。

＼ 開放感ならショート、足を守るならロング ／

ハーフ丈は、膝に
引っ掛かり使いにくいことも。
腿までのショート丈の
ほうが足さばきは良い。

ショート・ハーフ

**暑い時期には大活躍。
タイツとの併用がおすすめ**

腿までのショート丈や膝程度のハーフ丈は、動きやすくて涼しい。高温多湿の夏の低山では、断然人気があるが、露出が多いぶんケガや虫刺されなどのトラブルは起こりやすくなる。下にタイツを着用するのがおすすめだ。

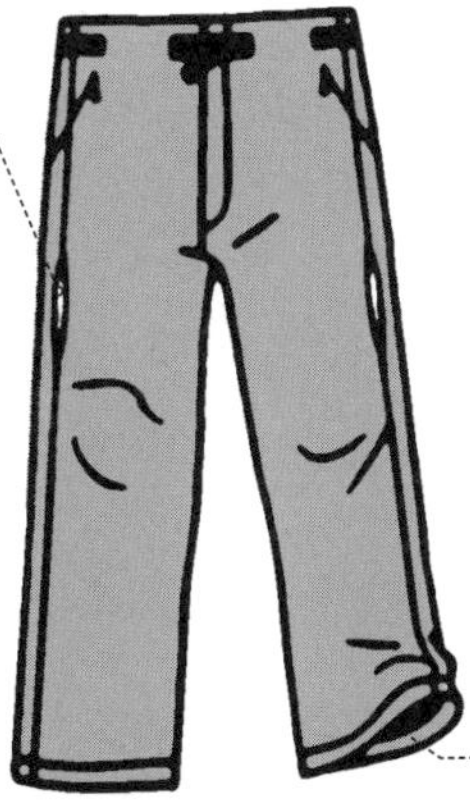
ベンチレーター
付きを選べば、
夏でも蒸れにくい。
タイツを重ねるなら、
裏地との摩擦が
大きすぎないかチェックを。

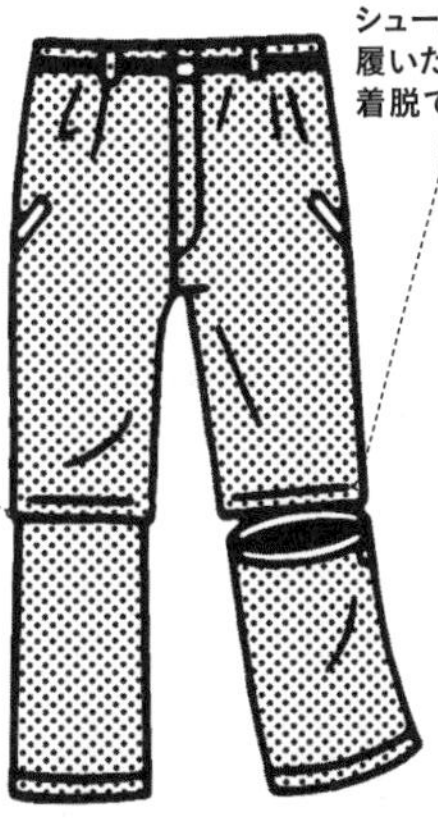
裾のファスナーが
長いものなら、
シューズを
履いたまま
着脱できる。
ファスナーや周りの
生地の重なりが
邪魔に感じることも。

ロング

**進化した生地や裁断で
動きやすさもアップ傾向に**

伸縮性のある素材や立体的な裁断方法によって、動きやすさも格段に進化している。汗による蒸れが気になる場合は、ベンチレーター付きを選ぶといいだろう。

コンバーチブル

**自由に長さを変えられる
応用性の高さが魅力**

膝や腿に付いたファスナーによって、長さが変えられる。藪の多い登山道ではロング、暑い稜線に出たらショートというふうに、気温や場所によって調節できるのが便利だ。

インサレーション

中綿が暖気を閉じ込め夜間や休憩中の冷えを防ぐ

ダウンと化繊の2種が主流サイズ選びにも注意して

インサレーションとは、主に夜間や休憩中に着る防寒用のウェア。夏でも寒冷な山では、季節を問わず活躍するアイテムだ。

ウェアに封入した中綿で、外部の冷気と内側の暖気を遮断し、保温力を高めるしくみ。中綿の種類には、ガチョウなどのダウン（羽毛）と、化学繊維の2つがある。

ダウンは軽くコンパクトになるが濡れに弱い。化繊はダウンより重くかさばるが、多少濡れても保温性が持続する。

両者の特徴を踏まえつつ、中綿の量やサイズにも気をつけて、シーンに合った1着を選びたい。

COLUMN

携行時に圧縮する場合は宿泊地では取り出しておこう

防寒具は歩行中ほぼ出番がなく、そのまま収納するとかさばるので、スタッフバッグに入れて圧縮するといい。ただし、圧縮し続けるとダウンや繊維がつぶれてかさが戻りにくくなり、保温性が落ちてしまう。テントや宿泊施設に着いたら取り出して、ふわふわの状態に戻しておこう。

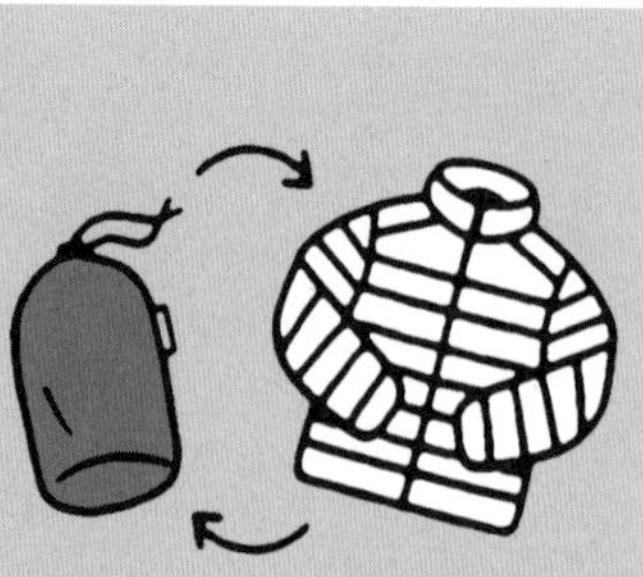

＼ ボリュームやサイズ感にも注意して選ぼう ／

Q1

中綿のボリュームはどれくらいがいい？

冬山でなければ、薄めの中綿でも十分。最近は機能性がアップしているので、薄く軽いダウンでも十分暖かいものが多い。

Q2

フードありとなしどちらを選ぶ？

どちらでもOKだが、フード付きのミッドレイヤーやアウターが多いなら、フードなしのほうが重ね着したときスマートだ。

Q3

効果的なサイズと着方のポイントは？

大きいと中のウェアとの隙間に外気が入り、暖まりにくい。中に着るものを想定し、程よくフィットするサイズを選ぼう。

効果的に保温するために、外気が入りやすい手首や首回り、腰回りのフィット感も確認しておこう。

体の要所を温めるには中綿入りの小物も効果的

行動中にも身につけられる小物。寒さが厳しくなる晩秋の山などではプラスしてみるのもいい。

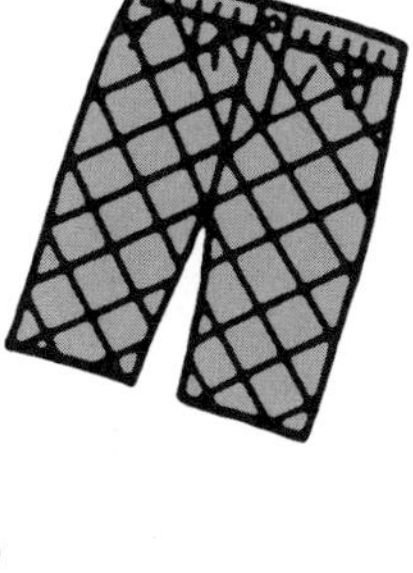

［ パンツ ］
テント泊の夜などに活躍。サイドのファスナーが長いと、休憩中でもブーツを履いたまま着ることができて便利。

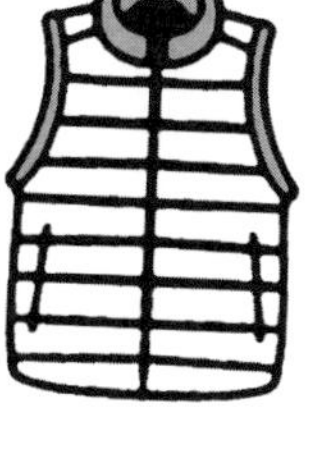

［ ベスト ］
腕がないぶん動きやすく、胴だけをしっかり温める。寒がりの人なら行動中のミッドレイヤーとしてアウターの中に着てもいい。

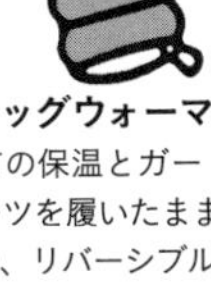

［ レッグウォーマー ］
足首の保温とガードを兼ねる。ブーツを履いたまま着脱できるもの、リバーシブルのものなど、機能やデザインもさまざま。

［ 帽子 ］
ツバのないものや耳当て付きなど、形はさまざま。行動中に使用する機会は少ないので、持ち運びやすさも重視して選ぶ。

レインウェア

雨を防いで汗を逃がす 天気が不安定な山では必須

素材だけでなく細部に注目 使用後のケアも丁寧に

レインウェアには優れた透湿防水性素材が使われているものが多い。左ページで紹介するような細部にも注目。ベンチレーターやドローコードなどの機能を活用することで、快適さはアップする。

また、着方の工夫も大切だ。中に半袖を着ると、裏地に直接肌が触れて汗が付き、透湿効果が発揮されにくい。長袖を着るのがおすすめだ。

意外に知られていないのが使用後のケアの大切さ。汚れや皮脂が付くことで、撥水性や透湿性はどんどん損なわれていく。洗濯や撥水スプレーによるメンテナンスの方法を、購入時に確認しておこう。

COLUMN

悪天候時は視界が悪くなる 発色の良いものがおすすめ

悪天時には辺りが薄暗くなり、モノトーンや暗い色のレインウェアは目立たなくなる。仲間とはぐれやすく、万が一の遭難時にも発見されにくい。赤や青など発色の良いカラーがおすすめだ。どうしてもモノトーンにこだわるなら、レインハットやザックカバーに明るい色を取り入れよう。

透湿防水のための工夫を活かして着こなす

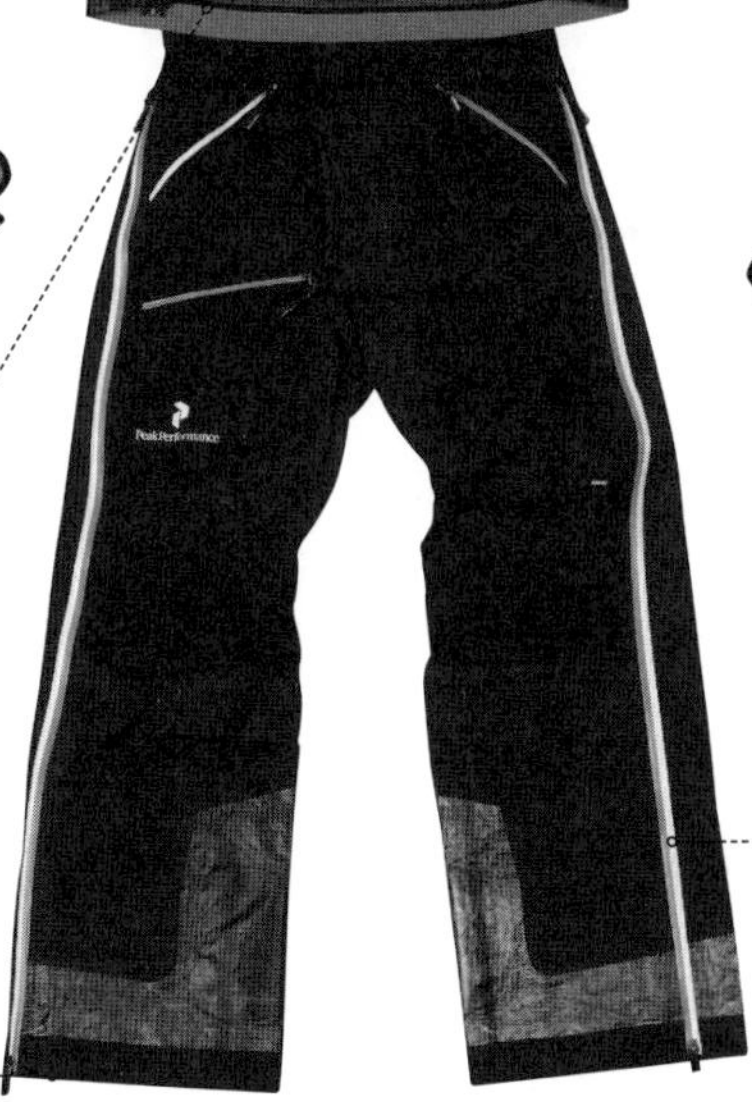

フードと帽子を効果的に併用

キャップの上からフードを被るときはドローコードで調節。蒸れが気になる場合はレインハットでもOK。

キャップの場合はフードのドローコードを絞って密着させ、防水性を高める。

フードを被らないならレインハットを。首まわりが開き、湿気を逃がしやすい。

3層構造で透湿防水性を確保

レインウェアの肝となる透湿防水性素材は傷みやすいので、丈夫で撥水性のある表地と、肌触りの良い裏地が張られ、3層構造になっているものが多い。

ドローコードで足元の浸水を防ぐ

浸水を防ぐため、ゴムなどの伸縮性のある素材を使い、適度に絞れるようなつくりになっている。

ベンチレーターで湿気を逃がす

ファスナーを開けて換気することで、内側の蒸れを逃がす。高温で発汗量の多い夏場に活躍する機能。

ポケットやカフにも防水の工夫が

水が入りやすいポケットや手首には、止水ファスナーや袖口を絞るフラップなどの工夫が施されている。

手先は濡れによる寒さを感じやすい。レイングローブを併用してもいい。

長いファスナーで着脱もスムーズ

サイドファスナーが長いものはブーツを履いたまま着脱できるため、急な雨にもスムーズに対応できる。

下着

スポーツ用で終始心地よく

吸水速乾性を備えた専用の下着がおすすめ

アウトドア用の下着は、吸水速乾性を備えた化繊が多く、保温性や防臭・消臭機能をプラスしたものもある。下着は普段と同じものを着用するという人も多いが、より快適に過ごすためにはアウトドア専用の下着を身につけたほうがいいだろう。

歩行期間が長いときは毎日下着を替えないことも多いが、汗で濡れた下着を着用したままで過ごすのは、不快なうえ、体を冷やす原因にもなる。毎日とはいかないまでも、汗濡れが激しいときは新しい下着に着替えるなど、臨機応変に対応しよう。

冷えやすい胸や腹部を速乾性素材でドライに保つ

脂肪の多い胸や下腹部は意外に冷えやすいので、女性の場合はとくに、アウトドア用の下着を着用するのがおすすめだ。ワイヤーなどの締め付けがなく、ハードな動きにも対応しやすい。

フィットして邪魔にならないボクサーやブリーフが主流

腿まわりの生地のもたつきを防いで動きやすい、ボクサーやブリーフタイプが中心。数は少ないが、化繊のトランクスタイプも作られている。吸水速乾性を確認したうえで選ぼう。

タイツ

運動機能を高めるものも

機能性の違いから2種類に分けられる

ショートやロング丈のパンツの下に補助的に履くアウトドア用のタイツは、大きく2種類に分けられる。

ひとつは、伸縮性や素材に工夫を凝らし、血液循環や筋肉サポートなどの機能性を持たせたタイプ。医療的には「弾性ストッキング」とも呼ばれる。

もうひとつは、ベースレイヤーとして使えるタイプ。機能性タイツのように特別な効果は持たず、保温やケガ予防のために着用するものだ。

効果と履き心地を考え、自分に合ったものを選ぼう。

［ベースレイヤーとしてのタイツ］

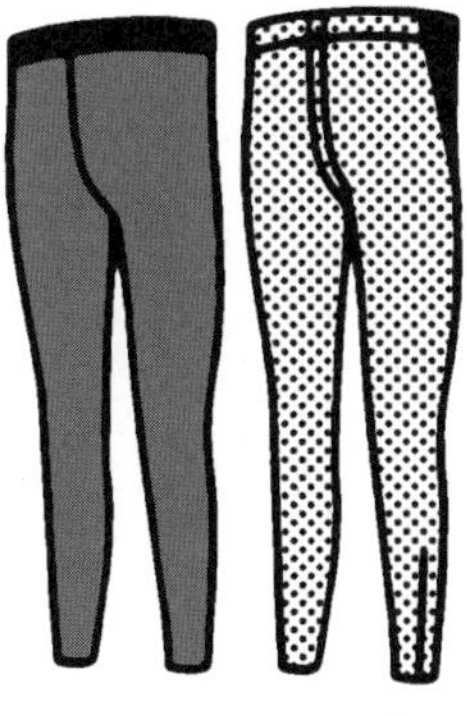

保温や速乾性のおかげで快適に

保温性の高いウール製のタイツは寒い時期に、通気性や速乾性を持たせた化繊のタイツは暑い時期に活躍する。

［機能性タイツ］

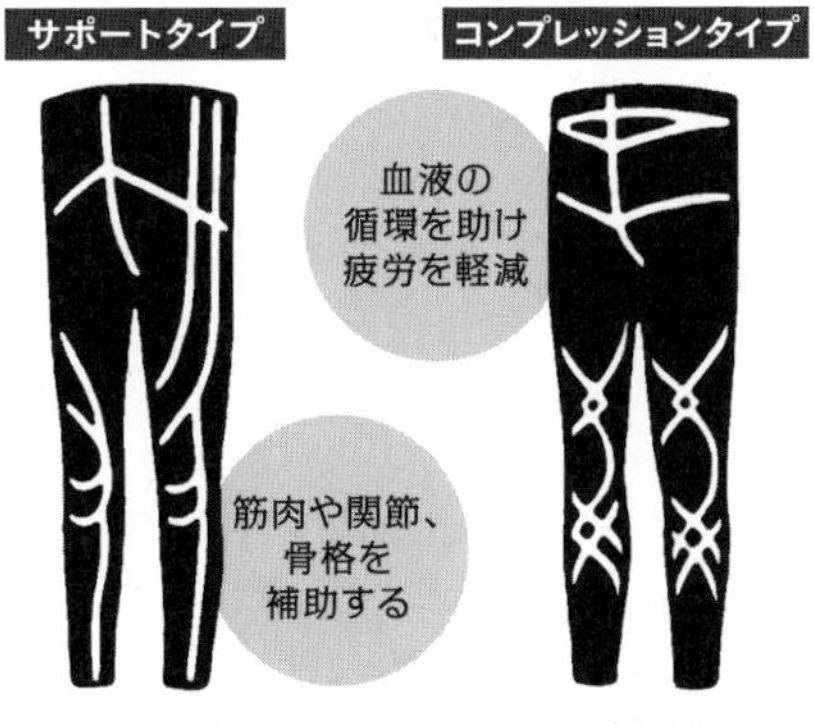
サポートタイプ
コンプレッションタイプ
血液の循環を助け疲労を軽減
筋肉や関節、骨格を補助する

目的に合わせて正しいサイズを選ぶ

上記の2種類に大別される。関節など特定の部位に違和感があるなら左、脚全体が重く感じるなら右がおすすめ。適度に圧をかけるためサイズ選びも重要。

帽子

日差しや落下物対策に必須

「何かを被る」ことが大切 デザインは好みで選ぼう

強い日差しや落下物から頭を守るためには、帽子の着用がおすすめだ。とくに日差しの強い夏には必ず被る。オールシーズン使えるものとしては、キャップやハットが一般的だが、バンダナや手ぬぐいを巻く人もいる。

要は「何かを被る」ことが大切なので、デザインやスタイルは好みで決めていい。

首の後ろを覆うスカートが内蔵されたキャップや、耳当て付き、UVカット効果を持つ素材、冷風を遮る素材など、さまざまなタイプが登場し、選ぶ楽しみが増えている。

キャップ

ひさしが前にしか付いていないので、レインウェアやアウターのフードを上から被ることができる。

フードを被るときに便利

ハット

つばが周囲に付いているタイプ。耳や首にも陰を作れるので、夏場の日焼け対策にはおすすめ。

首の日焼け対策にもなる

ビーニー

ウールやポリエステル糸で編んだもの。日よけ効果は薄いが、保温性が高く、寒い時期や夜に活躍する。

保温が目的。寒い時期に

ネックゲイター

首まわりの保温に使うネックゲイターなどを汗止めとして頭に巻く人も。1枚携行すると何かと便利。

寒くなったら本来の用途で

その他の小物

ケガや冷えから手足を守ろう

携行して試す価値あり 3つのアウトドア小物

アウトドアで身につける小物として、ここでは下記の3点を紹介したい。いずれも必須ではないが、ケガや冷えなどの不快感対策に効果を発揮する。

グローブは、転倒時や何かにつかまるときに着用していると安心だ。慣れないと煩わしく感じるが、指先のないデザインなら比較的つけやすい。アームカバーは保温の補助として使えるアイテム。スパッツは悪天時専用アイテムと考えられているが、晴れている日も活躍する。どれもかさばらないので、試しに携行してみるといいだろう。

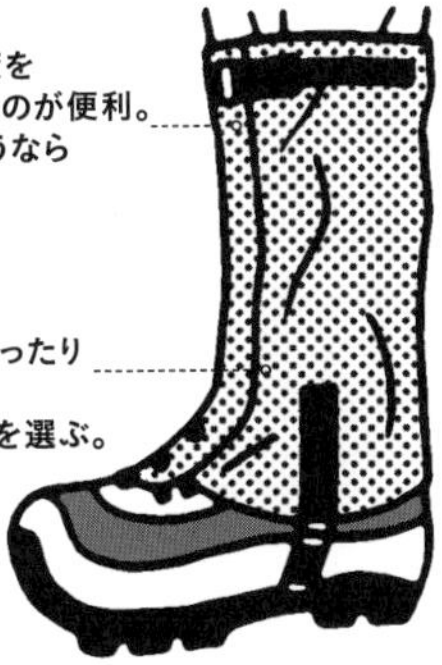
しっかり雨対策をするなら長いものが便利。晴天時にも使うなら短いものを。
大きすぎるとはずれやすくなったり隙間ができる。ジャストサイズを選ぶ。

[スパッツ]

雨水以外に小石やゴミを防ぐ効果も

晴天時の着用で、小石や落ち葉などのゴミの侵入を防ぐ効果もある。ローカットのブーツを履いている場合はとくにおすすめだ。

[グローブ]

簡易的なものなら夏や晴天時も活躍

手が冷えやすい人やケガが怖い人に。右図のように指先が自由になるものだと使いやすい。

指先が露出するタイプ
手の甲を覆うタイプ

[アームカバー]

日焼け対策やちょっとした防寒に

日差しのカットのほか、夏場の稜線で、気温は高いが冷たい風を遮りたいというときに活躍。

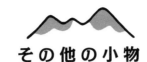

用具選び・荷造りの基本

本当に必要なものだけを持ち もっと身軽に自由に歩こう

体力の消耗を避けるため軽くコンパクトな荷造りを

慣れないうちは、非日常の場所に行く不安もあり、思いつくアイテムはとりあえず持って行きたくなるものだ。非常事態にはそれで救われることもあるかもしれないが、荷物が重くなるとそれだけ負荷も大きくなり、快適に歩くことは難しくなる。

日帰りのハイキングや登山なら重い荷物でも多少無理をして乗りきれるが、長い距離を歩き続けるロングトレイルではそうはいかない。できるだけ軽量化を図り、体力を消耗しないようにすることが大切だ。

また、いくら軽くても「かさ」が大きいと歩くうえでは邪魔になる。無駄を省きつつ、スタッフバッグで小分けしてコンパクトにまとめよう。

とはいえ、必要なものまで省いては安全性の面で問題がある。レインウェアや行動食、水、救急セットなど、必ず携行するものは忘れないようリストアップし、過不足のない荷造りを心がけたい。

食料品も軽量化の鍵計画的に準備しよう

荷物を軽くコンパクトにする方法はさまざまだ。最近では軽量化をうたったウェアやグッズが多く販売されている。

見落としがちなのが、食糧に関するもの。パッケージがかさばってゴミが増えたり、量を持ちすぎるといった失敗はよくあることだ。計画的に食事量を考えて準備しよう。

細かい計画と地道な作業で〝準備上手〟になる

POINT 1

絶対必須リストを作って持ち物を決める

絶対に必要なアイテムをリスト化して用意。スケジュールや体力の余裕を考え、＋αの持ち物（余暇のためのアイテム、試したい便利グッズ、特別なおやつやデザートなど）を追加する。

POINT 2

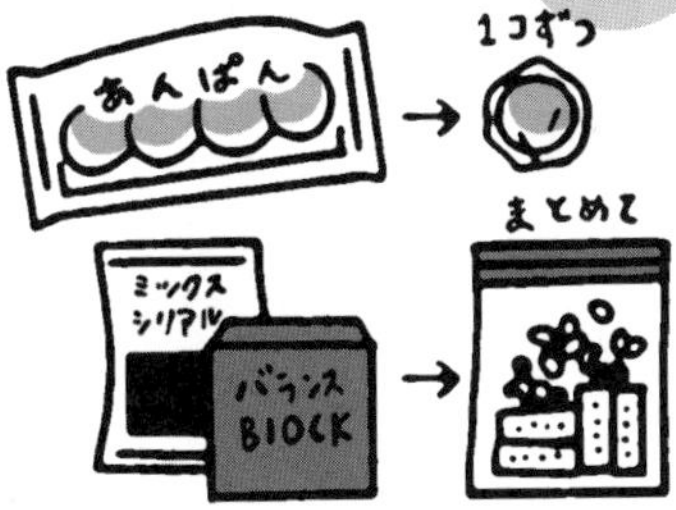

食糧・行動食のパッケージゴミを減らす

菓子パンに付くプラスチックトレイや栄養補助食品の箱など、食料品のパッケージは、思った以上にかさばる。1個ずつラップで包んだり密閉袋にまとめ、できるだけかさを減らす。

POINT 3

行程を細かくシミュレーションする

食糧は何となくの感覚で持って行くと、大量に余らせてしまったり不足する羽目に。行程に沿ってどのタイミングで何を食べるか、献立をシミュレーションして用意しておこう。

POINT 4

毎回出かける前に荷物の重さを量る

体調や気候によって重さの感じ方が異なるので、体感の印象は当てにならない。パッキングを終えたら体重計で量っておこう。毎回くり返すことで、荷物の重量を意識するようになる。

＼ コンパクトで賢いパッキングのコツ ／

コツ 1 「外付け」はできる限り避ける

入りきらない荷物を外部に付けると、引っ掛かったり、左右の重量が均等でなくなりバランスを崩しやすくなる。できるだけバックパック内に収める。

コツ 2 スタッフバッグを使い荷物のかさを減らす

荷物を小分けして収納するためのスタッフバッグを活用する。食糧や着替え、調理器具など、カテゴリーごとに収納し、コンパクトにまとめよう。

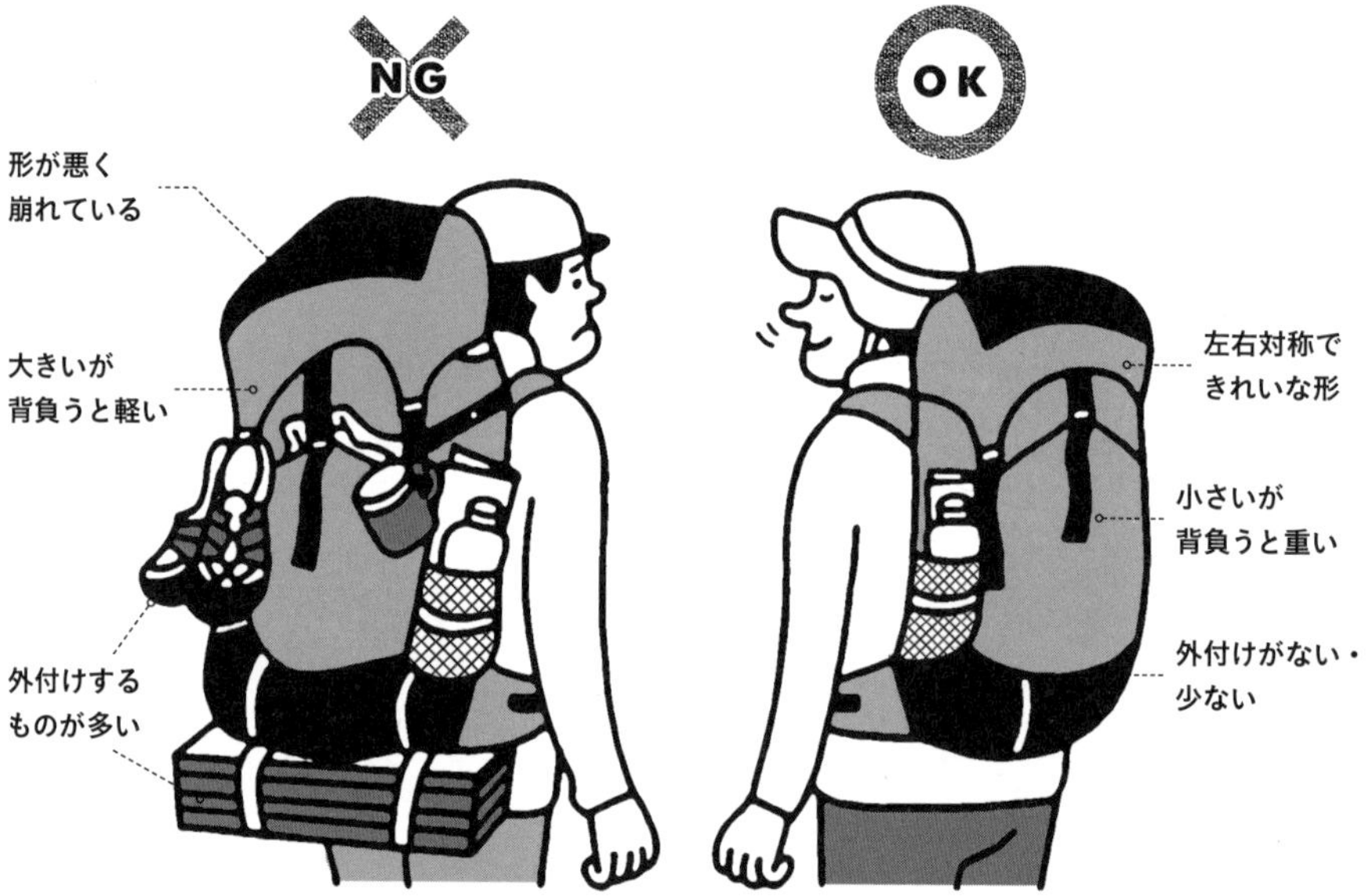
NG
形が悪く崩れている
大きいが背負うと軽い
外付けするものが多い
OK
左右対称できれいな形
小さいが背負うと重い
外付けがない・少ない

コツ 3 必要なものを取り出しやすく配置

荷物を出すときに崩れては意味がない。地図や行動食、水、レインウェアなど、行動中に必要なものは取り出しやすい場所に収納する。

コツ 4 重心を考えてバランスよく詰める

重いものは背中の近く＆上部に、軽いものは外側＆下部に入れると、背負ったときに重さを感じにくい。左右の重心バランスも崩れないよう気を配って。

宿泊スタイルに合わせて効率良く荷造りを

**宿泊施設利用とテント泊のパッキングの基本例を紹介。
使用頻度の高いアイテムは雨蓋や外部のポケットに入れて。**

小屋・宿泊施設泊

宿泊用道具や調理器具が必要ないぶん、軽くコンパクトにできる。一番重い予備の水や食糧を、背中に近い中心部分に入れよう。

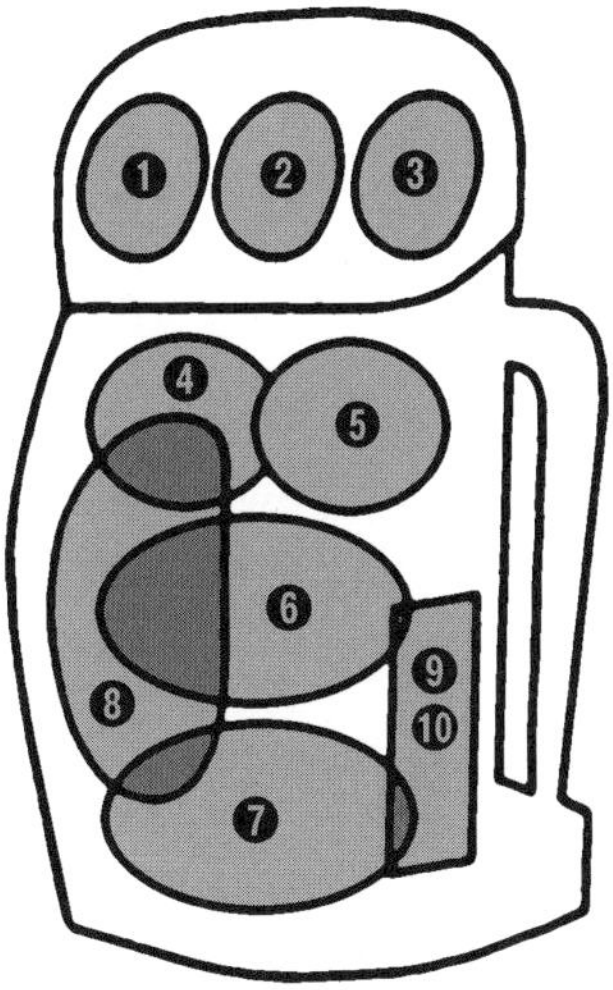

テント泊

宿泊道具や調理器具が入るぶん、重量アップ。外付けを避けるためにも余裕のある大きさのバックパックに丁寧に詰める。

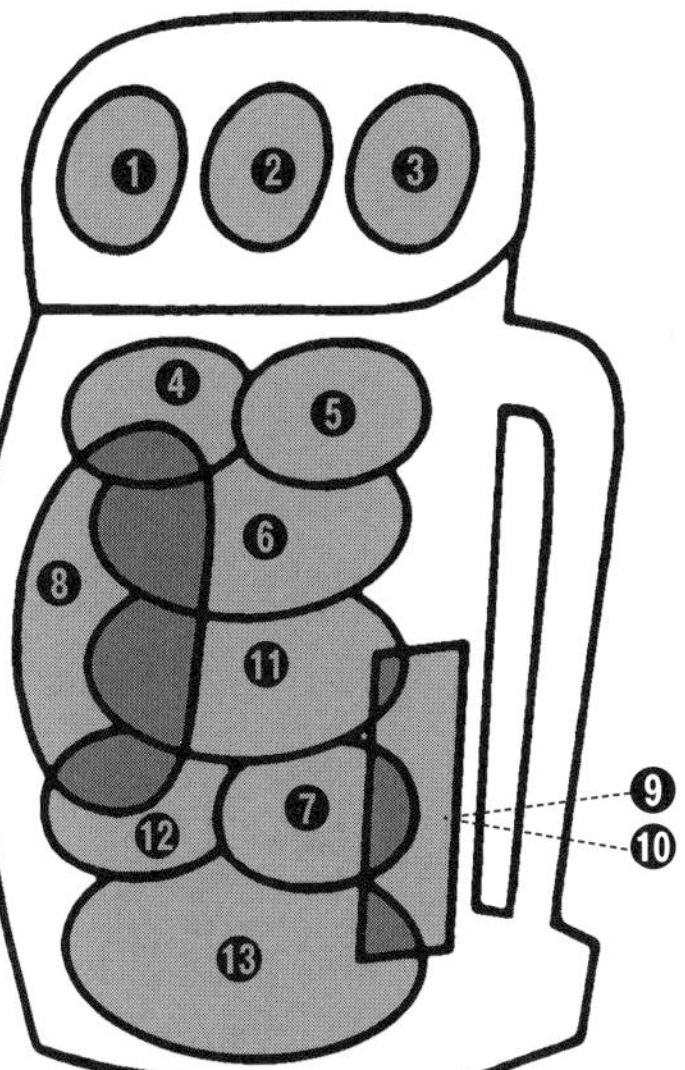

持ち物リスト

❶レインウェア
❷行動食
❸よく使う小物…携帯電話、カメラ、財布などの貴重品（宿泊施設利用の場合）、ヘッドライトなど
❹あまり使わない小物…修理道具、トイレキット、コンパスなど
❺救急セット
❻予備の食糧・水
❼着替え
❽インサレーションウェア
❾行動中の飲料水
❿地図
⓫調理・食事用の道具
⓬テント・テントまわりの小物
⓭寝袋・マット

バックパック

全財産を持ち運ぶ大切なギア
何度もフィッティングしよう

容量表示だけを当てにせず実物を試して選ぼう

バックパックにはさまざまな大きさがあるが、ロングトレイルでは25〜80ℓ程度の容量から、時期や宿泊スタイルに合わせて選ぶ。同じ容量表示でも、メーカーやモデルによって荷物の詰めやすさなどに違いがある。店頭で実物をよく見比べ、フィッティングしたうえで検討しよう。

荷物が入りきらないことを心配する場合は、大きめのバックパックを選ぶと安心だ。ただし、荷物に対してバックパックが大きすぎると中で荷崩れしやすく、本体そのものの重さも気になる。荷物を減らして上手にパッキングし、小さめのバックパックに収めるよう心がけたい。

自分に合ったバックパックを探すポイント

POINT 1

何度もフィッティング 違和感のないものを選ぶ

ハーネスや背面パッドの位置などの微妙な違いは、背負ってみなければわからない。山用のウェアを着た状態で、納得のいくまでフィッティングしよう。

POINT 2

女性の場合は レディースモデルも検討

女性用と男性用を比べると、サイズだけではなくハーネスのカーブなどのディテールにも違いがある。背負ってみると思いのほか違うので一度は検討を。

POINT 3

シンプルでも多機能でも 使いやすければOK

軽量化をねらい、装飾や機能を極力省いたものも登場している。多機能でも使いこなせなければ持て余すだけ。使いやすいならどんなデザインでもOK。

宿泊スタイルに合わせて容量を決める

[25 ～ 30ℓ]

**荷物の少ない夏場に
宿泊施設を利用する場合**

着替えが薄い夏場や、食糧・調理器具を持つ必要のない場合なら、この大きさで1～2泊は可能。本体そのものが軽く、雨蓋を省略するなど軽量化をねらったデザインが多い。

特徴
- シンプルな構造（雨蓋がないものも）
- 軽量化が進み、バリエーションも豊富

[35 ～ 50ℓ]

**防寒が必要な時期に
工夫すればテント泊も可**

春や秋などある程度ボリュームのある防寒着を携行する時期に。荷物をできるだけ減らして薄めの寝袋にするといった工夫をすれば、テント泊も可能。

特徴
- 宿泊施設利用からテント泊まで応用がきく
- それなりの強度がある

[50 ～ 80ℓ]

**テント中心の連泊もOK
20kg超の大荷物に対応**

荷物の多いテントでの連泊にも対応。丈夫な生地や、体にフィットして負担をかけにくいハーネスなど、重い荷物を持ち運ぶための工夫が施されている。

特徴
- 丈夫な生地で頑丈なつくり
- ハーネスや背面パッドにもさまざまな工夫がある

付属の機能を知って使いこなそう

バックパックには、荷物をよりコンパクトにして背負いやすくする仕掛けが満載。
正しく使用することで、快適度が格段にアップする。

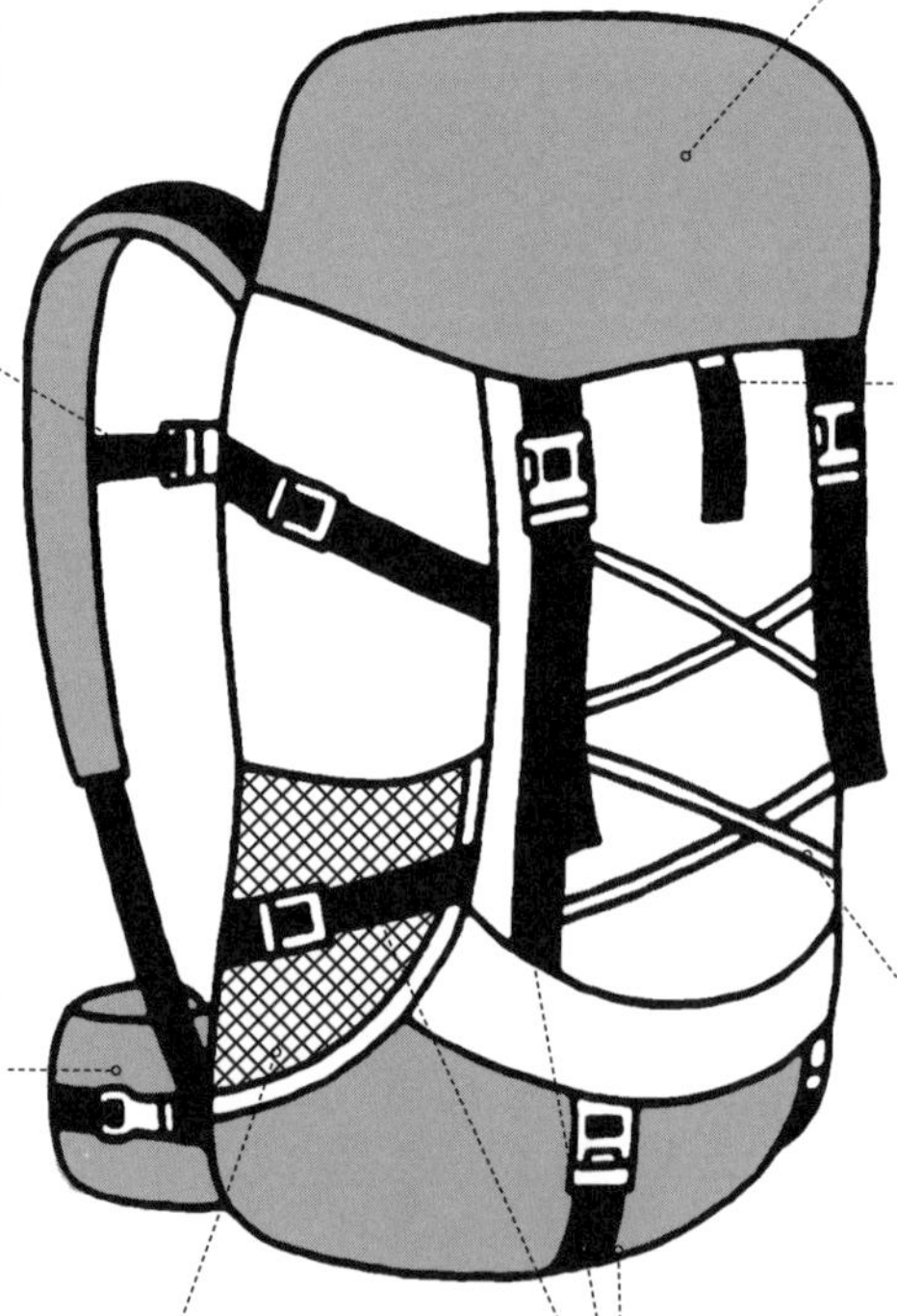

チェストストラップ

肩幅の狭い女性やなで肩の人は活用

胸の前で締め、ショルダーハーネスの位置を固定。肩からずり落ちやすい人はぜひ活用を。

リッド(雨蓋)

よく使うものはこのポケットに

雨水の侵入を防ぐ蓋の役割。ファスナーが付き、ポケットになっている場合が多い。

トップベルト

最後に締めて高さを調節

パッキングが終わったら、最後に締めて圧縮。荷物全体の高さを調節して固定する。

ウエストハーネス

重さを腰で支え肩の負担を減らす

腰骨の上辺りでしっかりと締めることで、肩にかかる重さが減り、ラクに担げるようになる。

バンジーコード

外付けアイテムをしっかり固定

中に入らないマットや脱いだウェアなどを挟み込み、落ちないよう固定する。

サイドポケット

歩行中に使うものをコンパクトに収納

メッシュのポケットが付く場合が多いが、入れるものは最小限にしておこう。行動中の飲み水と地図くらいが適当。

コンプレッションベルト

パッキング後に締めて荷物の厚みを調節

すべての荷物を詰め終わった後に締める。バックパック全体の厚みを減らし、背中に密着するよう固定する。

手順を守ればぐんと快適に背負える

**各部のハーネスを順番に締め、胴体にバランス良く密着させることが大切。
重い荷物も苦にならず、比較的ラクに背負うことができる。**

すべての
ハーネスを
緩めた状態で
スタート!

[step ❶]

ウエストハーネスを締める

腰骨の上辺りの位置でウエストハーネスを留める。

[step ❷]

ショルダーハーネスの下のストラップを引く

ショルダーハーネスの肩部分を程よくフィットさせる。

[step ❸]

ショルダーハーネスの上のストラップを引く

ショルダーハーネスとバックパックの間の空間を詰め、背中に近づける。

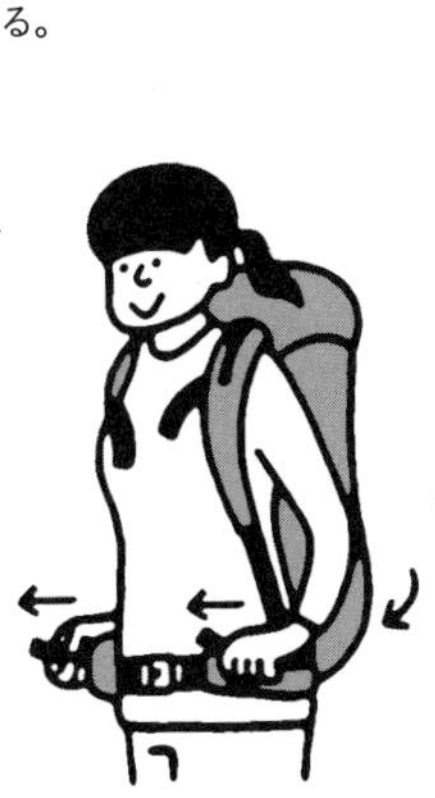

[step ❹]

ウエストハーネスのストラップを引く

バックパック全体の左右のバランスを整える。

[step ❺]

チェストストラップを留める

バックルを留めてストラップを引き、ハーネスを程よい位置に固定する。

シューズ

ミドルカット？ ローカット？
コースと経験値に合わせて選ぶ

歩き慣れてきたらローカットを試してもいい

ロングトレイルは山道が中心なので、ミドルカットやハイカットのトレッキングシューズを選ぶのが無難だ。ただし、低山や里山など難易度の低いコースでは、身軽さを重視し、荷物を軽量化したうえでトレイルランニング用のローカットシューズを選ぶハイカーも多い。歩き慣れてきたら試してみてもいいだろう。

シューズを選ぶときは、ソックスとセットで考えよう。アウトドア用のソックスは速乾性や保温性の高い化繊やウール製が主流で、厚さや素材は好みで決める。ソックスを履いたうえでシューズを試着し、履き心地を確かめてから選ぶといい。

運動レベルに合わせてシューズを選ぼう

（運動習慣あり 荷物多め）

長時間歩行に耐えるタフなハイカットを

荷物が多い場合は足への負担が大きい。厚い靴底を備えたミドルカットやハイカットのトレッキングシューズを選ぶ。

（運動習慣あり 荷物少なめ）

軽量なローカットならより身軽に歩ける

筋力があって荷物が軽く、歩きやすい道であれば、ローカットやトレイルランニング用シューズも可。軽くて動きやすい。

（運動習慣ほぼなし）

足首まで固定するミドルカットが安心

バランス感覚が不安定で足をとられやすい人は、足首を固定するミドルカットを。ハイカットでは重くて足が疲れることも。

【 トレイルランニングシューズ 】

軽さと安定感を併せ持つ

近年機能性が目覚ましくアップ。軽さに加え安定性を備えたものが多く、よほど荷物が重く過酷な道でない限り、問題なく歩ける場合が多い。

【 ミドルカットシューズ 】

たいていの道に対応する

足首を包むようにサポートし、平地から足場の悪い道まで対応可能。ハイカットほど重くなく、登山靴を履き慣れない人も受け入れやすい。

【 サンダル 】

1日の終わりに足を休めて

テント泊でゆっくり過ごすときには、サンダルに履き替えてもいいだろう。携行時には多少かさばるが、足を休められる解放感は格別だ。

【 ハイカットシューズ 】

過酷な山行にも耐えられる

ミドルカットよりさらにサポート力が高い。靴底が厚くつくりもしっかりしている。荷物が多いときや悪路などのハードな山行でも安心。

COLUMN

靴擦れや疲れを防ぐ正しいシューズの履き方

より快適に歩くためには、サイズ選びだけでなく履き方も大切。下記の手順で丁寧に履こう。

step 1

かかとを合わせる

靴に足を入れた状態で地面にかかとをぶつけ、靴の中でかかとを正しい位置に収める。

step 2

紐を緩めて締める

いったんすべての靴紐を緩め、足先から順番に締めていく。少しきつく感じるくらいで。

step 3

登りか下りかで調節

足首の関節より上は、登りでは曲げやすいよう緩めに、下りならきつめに締めて固定。

宿泊グッズ

テント、寝袋、マットの3点で安全で快適な夜を過ごす

軽くコンパクトになり、携行しやすいものを選ぶ

テント泊での就寝に必要なアイテムは、テント、寝袋、マットの3点。いずれも機能性が高まり、簡便で携行しやすいものが登場している。荷物が増える面倒さからテント泊を敬遠しがちな人も、臆せずチャレンジしてみよう。

テントは、生地とポールを組み合わせただけで形になる「自立型」がおすすめだ。広さと構造も多種類あるので、人数や日程に合わせて選びたい（左ページ参照）。

寝袋やマットは、長距離の歩行でも邪魔にならないよう、軽さや収納時のコンパクトさを重視して選ぶといいだろう。

COLUMN

慣れてきたら挑戦したい上級者向け簡易シェルター

ツエルトやシェルターは宿泊設備としては簡易的で、設営に苦労したり結露に悩まされるなど、使いこなすのは難しい。ただし、軽くて携行しやすく開放感も味わえる。野外での宿泊に慣れたら挑戦してもいい。

［ツエルト］
テント型に設営しなくても、悪天時や緊急時には身体に巻くだけで保温や雨風対策に。

［ビビィサック］
横たわれる最小限のスペースを確保。荷物や靴は入れられないが、大変軽く携行しやすい。

テント

人数と宿泊スタイルに合わせて選ぶ

1人の場合はソロテントが便利

単独行動なら自立型のソロテント（写真）。軽くコンパクトなモデルが多く登場している。

2人以上なら複数人用も視野に

それぞれソロテントを持つより複数人用を分担して持ち、1人当たりの重量を減らす方法も。

プライバシーを確保できるソロテントの人気が高まり、テント場が混雑しがち。複数人用テントをシェアすることも検討してみよう。

重さと機能を天秤にかけ選ぶ

主な構造は右の2種類。機能性が高いものは重量も増す。どちらを重視するかで選ぶといい。

［ シングルウォール ］
防水性の高い素材でフライシートがない。軽いが、入り口から雨水が入りやすい。

［ ダブルウォール ］
通気性の良いインナーテント、防水性のあるフライシートの2重構造。シングルより重い。

コツを押さえてスムーズに設営しよう

自立型のテントは、以下のようなステップで、誰でも簡単に設営できる。大まかな流れを頭に入れておくことで、現場での設営もスムーズに進む。

［ step❹ ］
全体を地面に固定
ペグを打って（石などに引っ掛けてもいい）地面に固定し、完成。

［ step❸ ］
もう片端を固定
❷とは反対側のポールの端をテントに固定することで、立体になる。

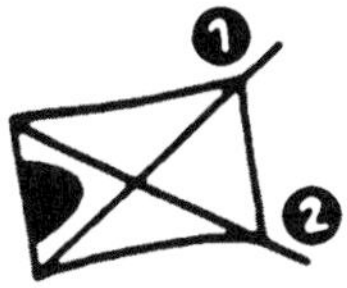

［ step❷ ］
ポールの片端を固定
テントを広げてポールを通し、すべてのポールの片端を固定する。

［ step❶ ］
ポールを組む
テントを出す前にポールを組む。中心から外側に向かって組み立てていく。

寝袋

暖かい時期・低山を想定したものが活躍

ダウンと化繊 2種類の中綿がある

ダウンは軽量で圧縮率が高く、化繊は濡れに強い。持ち運びにはダウンが便利。

足元に換気機能があると便利

夏場や低山では暑さを感じることが多い。足元が開く構造だと、涼しく過ごせる。

密着度の高いマミー形を選ぶ

身体に密着するような形の「マミー形」は、暖かく収納時もコンパクトになり、おすすめ。

持ち運びやすさと保温性を考えると、ダウンのマミー形が第1候補。冬山用はボリューム過多。暖かい時期・低山向けの薄手のもので十分だ。

保温性を高め、結露による濡れを防ぐ裏技

内部が寒かったり、結露による濡れが気になるときは、足元にひと工夫することで改善できる。

バックパックの荷物を出して足を入れる。中綿がつぶれないよう大きめのバックパックがおすすめ。レインウェアで足元を包むのも手。

身長の低い女性などで寝袋が大きい場合、余った部分を紐やストラップで縛る。内部の空間が狭まり密着度が増し、保温性が高まる。

マット

簡便で携行しやすい自動膨張式を

全身が収まる大きさでなくてもOK

軽さを重視して最小限の大きさを選び、下図のように他のものと組み合わせて使う方法も。

収納には自動膨張式が便利

携行しやすさでは自動膨張式が便利。折り畳み式なら右図のようにしっかり固定する。

マットを外付けするときは……

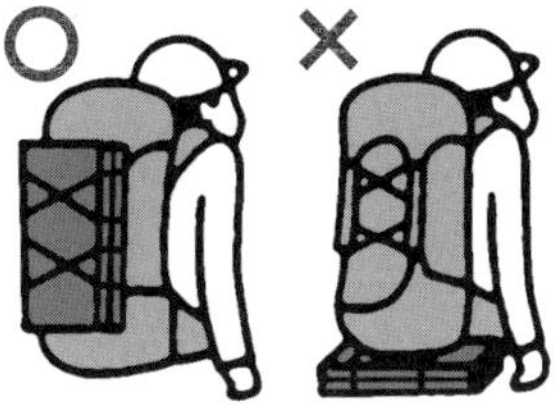

バックパックに合わせて薄く畳み、バンジーコードで固定する（左）。バックパックの幅より飛び出ていると、岩や枝に引っ掛かって危険だ（右）。

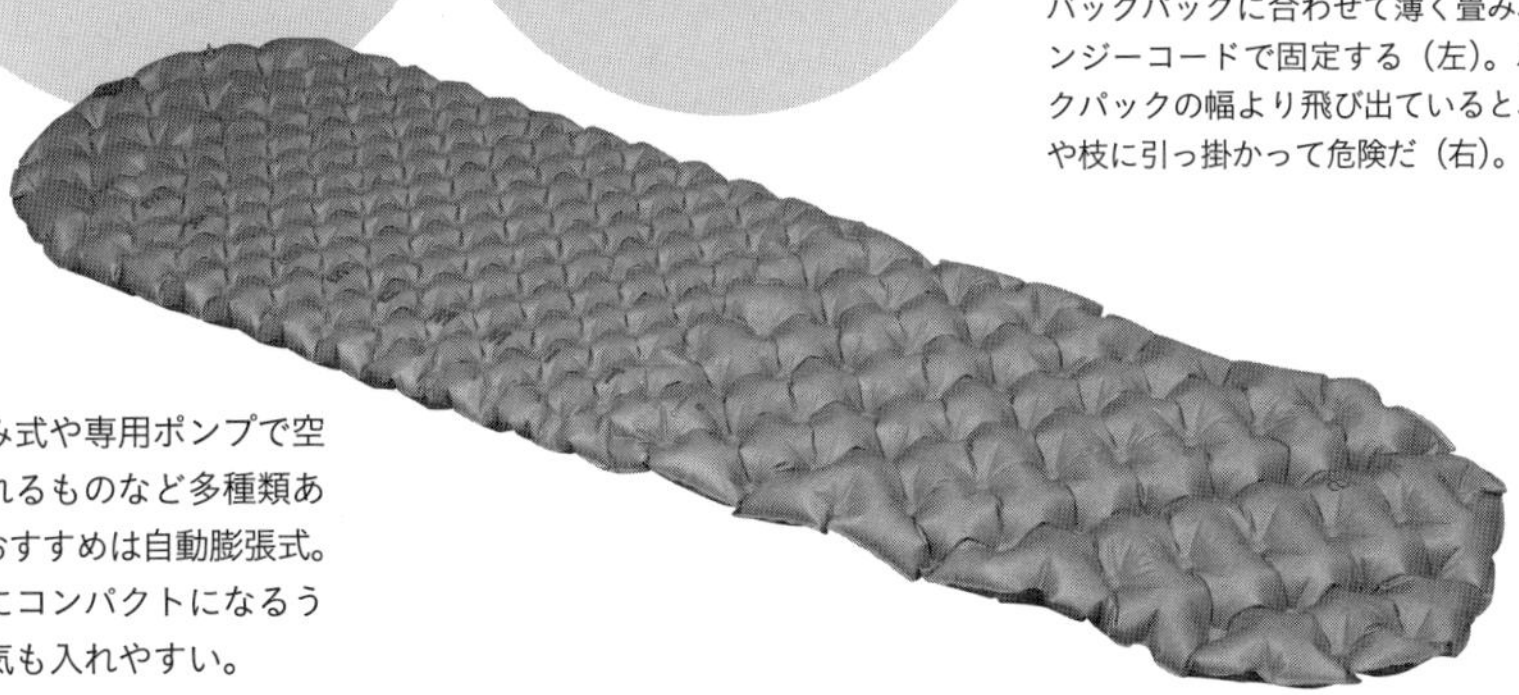

折り畳み式や専用ポンプで空気を入れるものなど多種類あるが、おすすめは自動膨張式。収納時にコンパクトになるうえ、空気も入れやすい。

他のグッズやウェアと組み合わせて寝心地アップ

軽量化のために薄く小さなマットを選ぶ人も多い。ひと工夫加えることで格段に寝心地がアップする。

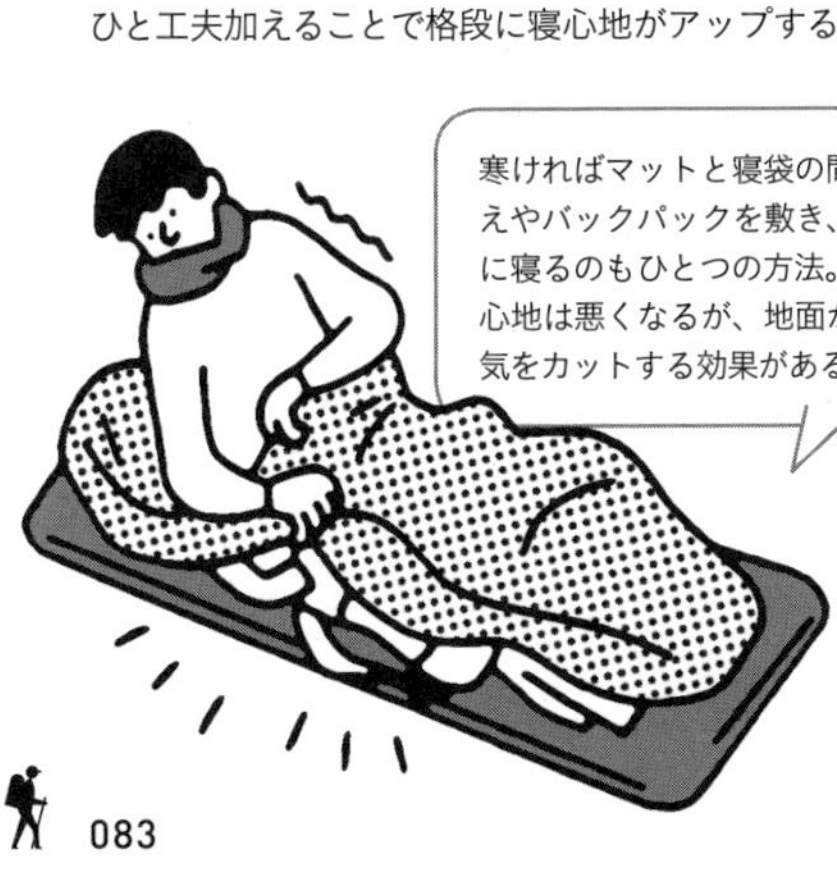

寒ければマットと寝袋の間に着替えやバックパックを敷き、その上に寝るのもひとつの方法。多少寝心地は悪くなるが、地面からの冷気をカットする効果がある。

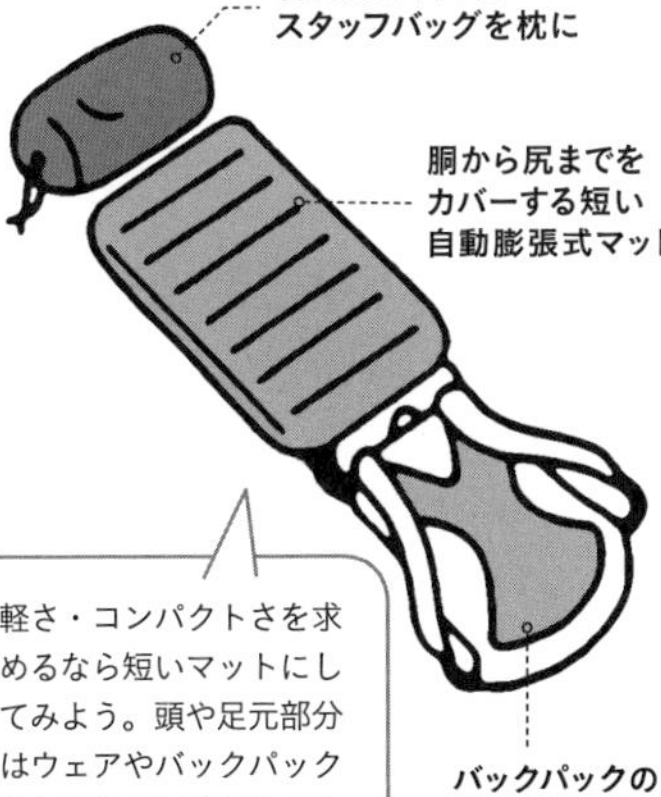
着替えが入ったスタッフバッグを枕に
胴から尻までをカバーする短い自動膨張式マット
バックパックの背面を上にして置き、足をのせる

軽さ・コンパクトさを求めるなら短いマットにしてみよう。頭や足元部分はウェアやバックパックを上手につなげて補って。

調理・食事用の道具

クッカーや燃料はかさばりがち 賢くまとめて携行しよう

必要最小限の器具をひとつにまとめて携行

食事をすべて自分で用意しなければならないテント泊では、調理器具は必須のアイテム。重くてかさばるが、体力回復のために温かい食事は欠かせない。必要最小限の道具を上手にまとめて携行しよう。

食事に必要な道具は、鍋や食器の役割を担うクッカー、ガスをはじめとした燃料、調理したものを食べる箸・フォーク類の3つ。

クッカーの容量は0・5〜2ℓサイズ（1〜3人用）、錆びにくいアルミやチタンなどの金属製が一般的だ。燃料や食事用の道具にもさまざまな選択肢がある。それぞれの特性を踏まえて選びたい。

COLUMN

携行中の手入れは簡単でOK 自宅では入念なケアが必要

行動中は水を節約して環境に影響を与えないよう、トイレットペーパーなどで汚れを拭き取るケアが一般的だ。ただし、金属の厚みが薄いため、食べ物の酸や焦げ付きが蓄積すると傷みやすくなる。帰宅したらそのまましまわず洗剤を使って丁寧に洗い、しっかり乾燥させてから保管しよう。

温かい食事を食べるための3点セット

クッカー

**収納しやすい
円柱状の深型が主流**

バックパック内に収納しやすく、汁物も調理しやすい。蓋も皿やフライパンとして使える。アルミが一般的だが、軽いチタンも人気。

燃料

ガスからアルコールまで一長一短

バーナー＋ガスカートリッジのセットが一般的。重さは気になるが、火力が強く安定していて使いやすい。

軽くてコンパクトなアルコールや固形燃料ストーブも人気。火力は弱いが、風防を使えば湯沸かし程度なら事足りる。

箸・フォーク類

**折り畳み式や
小型サイズが便利**

下図のようにクッカー内に収納するために、収納時に小型になるものを選ぶ。写真のように柄が短いもののほか、スライド式や折り畳み式のものもある。

クッカーの中に燃料や食器を収納しコンパクトに持ち運ぼう

調理関係の小物はクッカー内に入れて持ち運ぶと便利。右図を参考に収納してみよう。山での調理にこだわる場合は、つぶれやすい野菜や卵などの食材をしまうのもおすすめだ。

食事用の道具やマルチツールなど、調理関係のものをまとめて収納すると使いやすい。

速乾性のある布をかませ、金属同士がぶつかるのを防ぐ。片付けの際に水気を拭き取るのにも便利。

ガスカートリッジも収納。逆さに入れておけば底面のくぼみも収納スペースとして利用できる。

必携グッズ

万が一のピンチに備え日帰りの場合でも持参する

安全性を確保するために４つのアイテムを忘れずに

軽量化を目指して荷物を減らすとしても、安全性を確保するために必ず携行したいものがある。それが、ここで紹介する４つのアイテムだ。

なかでも使用頻度の低い救急セットやコンパスは、日帰りの場合や歩き慣れたコースでは省きがち。非常事態に備えて忘れずに持って行こう。

数人で行く場合に、とくに気をつけたいのが地図だ。リーダーや仲間に頼れるという安心感から地図を持たない人は多いが、はぐれたときに大変なことになる。コースを歩きながら道や地形を確認することで、複雑な山の地図を読む訓練にもなる。１人１枚は必ず携行したい。

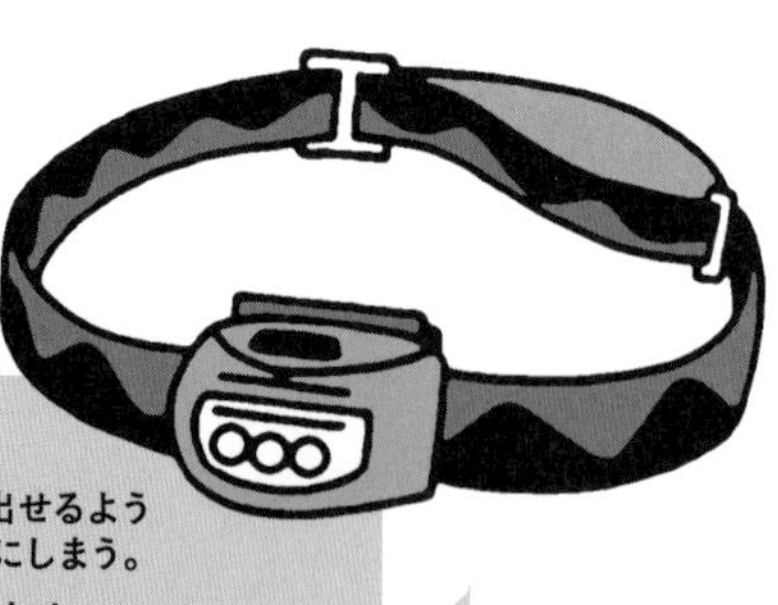

ヘッドライト

テント泊の夜や緊急時の暗闇で活躍

山では日が落ちるとあっという間に暗くなってしまう。テント泊の場合はもちろん、日帰りの予定でも万が一の非常事態に備えて携行したい。現在はLEDが一般的。賢く使うために左の点に注意しよう。

【ここに注意!】

- 暗くなる前に取り出せるようわかりやすい場所にしまう。
- 電池の腐食を防ぐため、使い終わったら取り出しておく。
- 荷物の中でつけっ放しになることも。ケースに入れておくと安心。

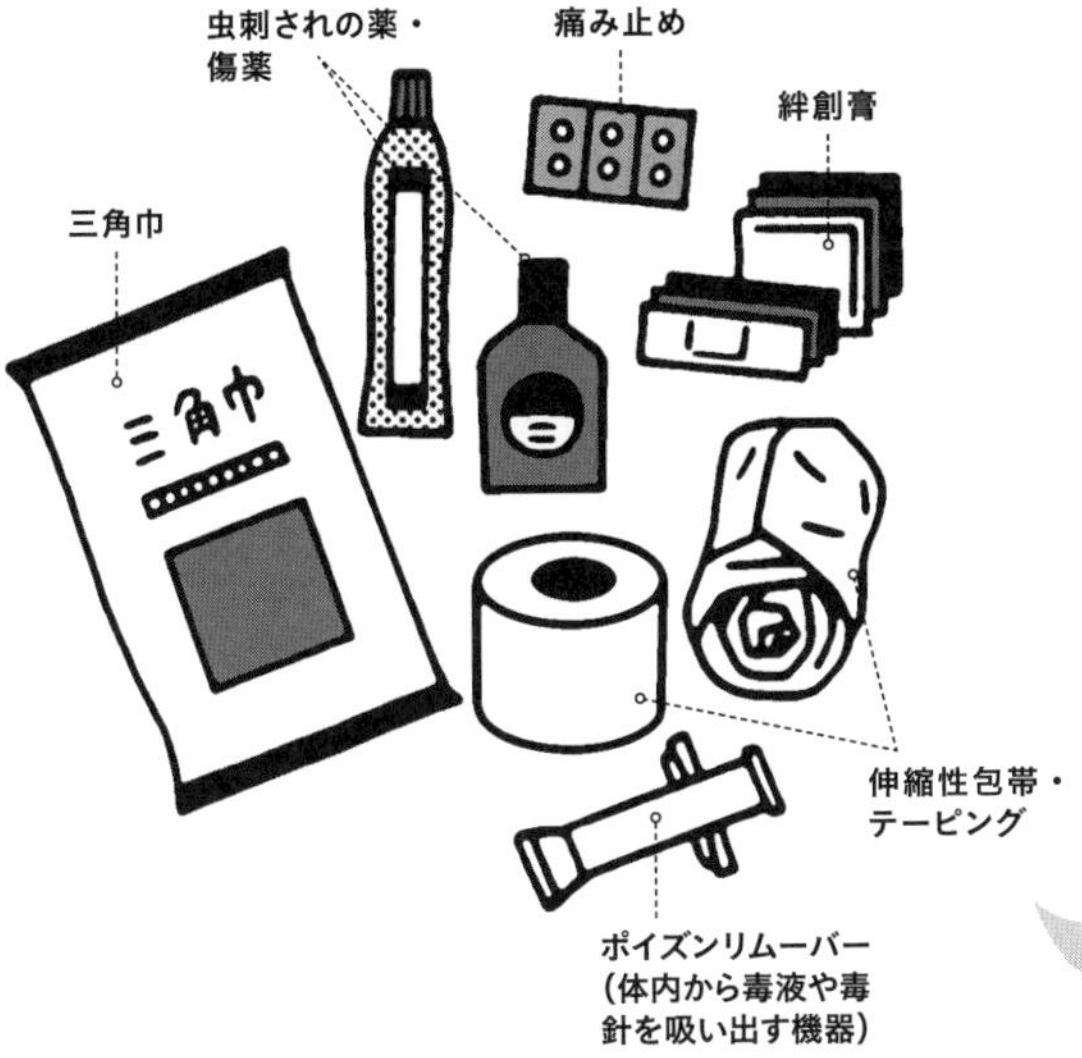

救急セット

自分に必要なものを考え カスタマイズして

ケガの応急処置に必要なものや常備薬をまとめ、救急セットとして携行しよう。内容は左のようなものが一般的。自分に必要なものを考えて自由に作ってみよう。

【あると便利!】
ペットボトルのキャップに小さな穴を開けたもの。傷口を洗うなど水を勢いよく出したいときに、これを装着してボトルを押すことで水圧を調整できる。

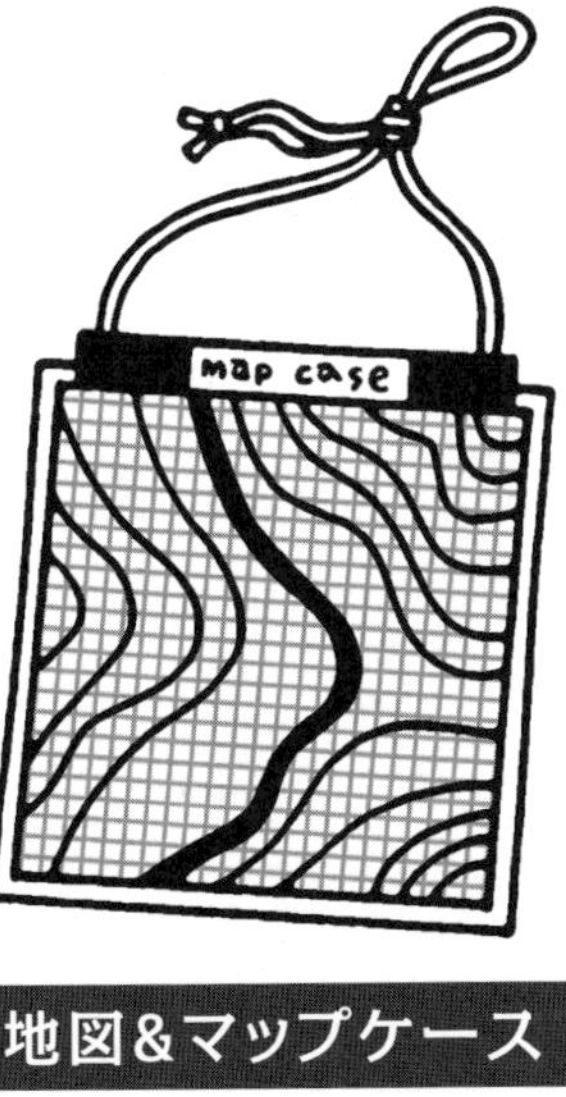

地図&マップケース

水濡れに弱い地図には マップケースが必須

毎回必ず携行する地図。防水紙を使った登山地図もあるが、国土地理院発行の地形図など水濡れに弱いものは、防水性のマップケースに入れて持ち歩くと安心。

コンパス

緊急時に使えるよう 常に持ち歩き実地訓練を

正確に使いこなすには訓練が必要。講習会や本で勉強する方法もあるが、山を歩くときに毎回携行し、実際に使ってみると身につきやすい。非常事態に備えて練習しておこう。

電子機器

目新しいものに飛びつかず使いこなせるものを選ぼう

便利な機能が満載だが頼りすぎには気をつけて

GPSやスマートフォンをはじめ、山での行動に役立つ電子機器にはさまざまなものがあり、機能も進化し続けている。天気予報やルート、自分の位置情報などを簡単に得ることができる。遭難時に携帯電話で自ら救助要請をするケースが増えていることからもわかるように、これらの機器は万が一の際の安全確保にも活躍する。

ただし、頼りすぎには注意したい。便利な機能も、自在に使いこなせなければ意味がない。

山では平地に比べて電子機器のバッテリーの減りが早いため、頻繁に使用していると、いざ必要なときにバッテリー切れという事態にもなりかねない。万能に思えるスマートフォンに関しても、奥深い山や谷間では未だ圏外の場所が多く、当てにしていたのに使えなかったという失敗談も聞く。本当に必要なときだけ使用し、何事もなければできる限り頼らずに行動しよう。

昔ながらの情報ツール「ラジオ」も侮れない

一方、存在を見直したいのが、ラジオだ。携帯電話や携帯音楽プレイヤーの普及によって持ち歩く人は減っているが、低燃費で使いやすく、携帯電話が圏外の場合でも活躍する。最近では非常に軽くコンパクトな登山向けのモデルも登場している。ひとつ用意しておくといいだろう。

郵 便 は が き

お手数ですが、
切手を
おはりください。

151-0051

東京都渋谷区千駄ヶ谷 4 -9 -7

(株) 幻 冬 舎

「知識ゼロからのロングトレイル入門」係行

ご住所 〒□□□-□□□□ Tel. (　-　-　) Fax. (　-　-　)		
お名前	ご職業	男
	生年月日　年　月　日	女
eメールアドレス：		
購読している新聞	購読している雑誌	お好きな作家

◎本書をお買い上げいただき、誠にありがとうございました。
質問にお答えいただけたら幸いです。

◆「知識ゼロからのロングトレイル入門」をお求めになった動機は？
① 書店で見て ② 新聞で見て ③ 雑誌で見て
④ 案内書を見て ⑤ 知人にすすめられて
⑥ プレゼントされて ⑦ その他（ ）

◆本書のご感想をお書きください。

今後、弊社のご案内をお送りしてもよろしいですか。

（ はい・いいえ ）

ご記入いただきました個人情報については、許可なく他の目的で使用することはありません。

ご協力ありがとうございました。

機能を見極めて賢く利用しよう

寒い所では減りが早い 必ず予備を用意する

寒い所ではバッテリーのパワーが落ち、消耗しやすくなる。ヘッドライトやスマートフォン、GPSなど、携行する電子機器のバッテリーは必ず予備を用意しておこう。

高度計やGPSも 地図の補助として考えて

天気予報や高度計、GPSなど、便利なアプリケーションが多数。山ではバッテリーの減りが早く、電波が安定せず使いにくい場合もある。必要なときのみ使用しよう。

小型で低燃費の情報源 登山向けモデルも登場

情報ツールとしてはスマートフォンほどの便利さはないが、小型でバッテリーが長持ちし、圏外でも活躍。その山域の周波数を簡単に拾える登山向けのモデルも登場している。

位置の把握はもちろん 記録ツールとして活躍

正確な位置を把握できる機能は、地形から地図が読めないときに便利。歩いたルートや時間を測ってパソコンと連動させ、帰宅後に見直して次回の計画に役立てることもできる。

トイレアイテム

トイレがない事態に備えよう

野外で用を足すときは自然や他の人に配慮して

歩行中は公衆トイレや宿泊施設のトイレを利用する。ただし、登山道などでトイレがない場合は、やむなく自然の中で用を足すことになる。そのときに備えてトイレアイテムを携行すると安心だ。必要なものは下記の3つ。トイレットペーパーはさまざまな用途で使えるので、多めに用意しておくといい。

自然の中で用を足すときは、登山道や川の近く、花や植物が群生している所などは避ける。用を足した後は痕跡を消し、出たゴミもすべて持ち帰るのがマナーだ。

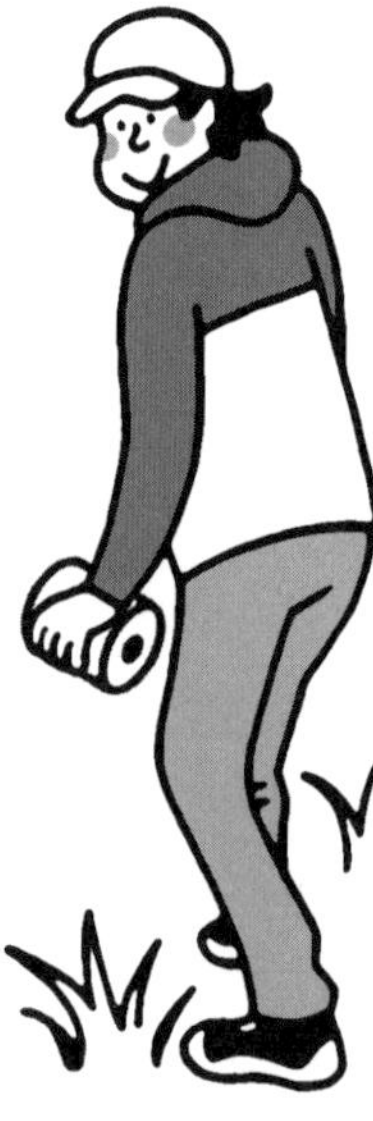

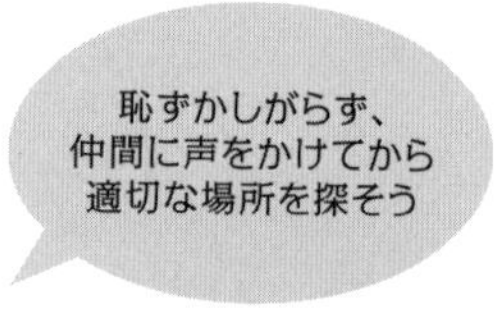
恥ずかしがらず、
仲間に声をかけてから
適切な場所を探そう

携帯トイレ

防臭・防水機能を備えた袋状のものが多い。周りの環境への影響が少なく、身を隠す場所さえあればどこでも用を足せるので安心。

小型スコップ

アウトドアショップなどで市販されている。使用するときは周りの植物などをできるだけ傷つけないように気を配って。

トイレットペーパー

山小屋や公衆トイレでも紙がないことは多いうえ、何かと使えるので必須。濡れると困るので密閉袋に入れたりして防水対策を。

エチケットアイテム

快適に過ごすため最小限を用意

必要な種類と量を計算し持ちすぎないよう注意を

快適に過ごすために、また他のハイカーへの配慮という意味でも、タオルや洗面用具、化粧品などのエチケットアイテムは大切だ。とはいえ、普通の旅行と同じように考えては持ちすぎ。必要な種類・量を計算し、最小限を心がけよう。

女性の場合はとくに荷物が増えがち。タオルをたくさん持ち歩く人が多いが、速乾性のある素材なら毎日洗ってもすぐ乾くので、1~2枚持てば十分だ。スキンケアもシート状のものやオールインワンタイプを必要なぶんだけ用意しよう。

day
day
day
1
2
3
必要分のみを
計算して
用意しよう

[ボディシートなど]

汗拭きシートやメイク落としシートは軽量でかさばらず携行しやすい。袋ごと持って行くのは多すぎる。1日1枚計算で抜き出してジップ付きの密閉袋などにまとめておくといい。

1～2枚
あれば十分。
持ちすぎはNG！

[顔や身体を拭うもの]

軽くて吸水・速乾性の高い登山用のタオルが多種類市販されている。天然素材ながら同等に高機能の手ぬぐいを使う人も多い。いざというときに裂いて使えるなど汎用性の高さも人気。

トラブル対策アイテム

トラブルはつきもの
最低限の道具と知恵で乗りきる

ちょっとした道具と工夫で臨機応変に対応したい

予想外の暑さ・寒さ、ウェアやギアの不良など、歩行日数が長くなるとさまざまなトラブルが起こる。左ページで紹介するアイテムを携行すると、いざというとき役に立ち、最悪の事態を防ぐことができる。すべてが必須ではないので、自分にとって必要なもの、使いこなせそうなものをよく考えて準備しよう。

あとは頭をフル稼働し、持っているものを駆使して乗りきろう。テント内で結露を防ぐために寝袋の足元をレインウェアで包むなど（p82参照）、手持ちのものも活用できる。

トラブルにも柔軟に対応するたくましさを身につけたいものだ。

山で起こりがちなトラブルBEST3

No.1 予想外の寒さ

行動中は気にならないものだが、休憩中やテント泊の夜など、体が冷えて十分休息がとれないこともある。防寒具を総動員しても対応できない場合はレスキューシートが活躍する。

No.2 衣服やテントが破損

岩や木の枝に引っ掛かって、破れたり壊れたりすることがある。針や糸などの修理道具を携行してもいいが、テープなどでとりあえずしのぎ、帰宅後にしっかりと修繕するといい。

No.3 火種がなくなった

大抵のガスバーナーには点火装置が付いているが、寒さが厳しい時期や高山では、稼働しなくなる場合がある。念のためにマッチやライターなどを持って行くと安心だ。

あったら便利！ピンチを救う道具

粘着力の強いテープ

衣服やテントの破れを一時的にカバー

布製のガムテープやダクトテープは、ウェアや道具に穴が開いてしまったときの応急処置に便利。

小型のハサミ

爪を切るなど体のメンテナンスに便利

爪やささくれを切るなどの自己メンテナンスに活躍。ちょっとしたナイフとして使用することもできる。

安全ピン

ハーネスやコードが弱ったときに

ハーネスやコードが切れかけたときには、安全ピンでつなぐことで補強できる。包帯や布を留めるのにも便利。

予備のマッチ&ライター

ガスバーナーの点火不良に備えて

山で火を失うのは致命的。点火装置が機能しない事態に備えて携行を。防水加工が施されたマッチもある。

レスキューシート・ツエルト

万が一の野宿や休憩・就寝時の保温に

寒さ対策の強い味方。ツエルトは、テント状に組み立てずに身体に巻き付けるだけでも、保温効果が期待できる。

水

歩行中の水分不足は命取り 早め&こまめに補給しよう

最小限量を携行して 水場でタイミングよく補給

歩行中は大量に汗をかく。脱水を防ぐためには、早め&こまめに水分補給することが大切だ。

持ち歩く飲料水の総量（1日1〜2回水場で補給すると考え、次の水場まで持ち歩く量）は、2ℓ程度が目安。必要最小限の量を持ち、足りなくなる前にタイミングよく補給できるように計画を立てる。里を通るコースでは自動販売機が利用できることも。事前に確認しておこう。

容器は数種類ある。飲み水はペットボトルを利用し、予備の水はフィルム状の水筒に入れるなど、それぞれの利点を踏まえて組み合わせてもいいだろう（p96参照）。

COLUMN

低山の沢水はNG！ 飲むならしっかり煮沸して

都市近郊の山では、シカが増えたことで糞や亡骸によって沢の水が汚染されていることが多く、そのまま飲むとお腹を壊してしまう。顔を洗う程度なら問題はないが、飲料水は安全な水場で調達を。どうしても必要な場合は煮沸してから飲むようにしよう。

水分補給計画はしっかり立てよう

[計画段階]

水場を確認し、小分けにして用意

ルート上の水場を確認し、補給計画を立てておく。出発前の準備では、補給地点までに必要な2ℓを確保。歩行中に飲みやすいよう、ペットボトルや水筒に小分けにしておく。

携行する総量は 2ℓ 程度

[スタート前]

歩き始める前にまずは1杯

登りからスタートする場合はとくに、歩き始めた直後から発汗量がぐんと増える。歩き始める前に、コップ1～2杯からペットボトル半分程度の水を補給しておくといい。

[歩行中]

1時間ごとにコップ1杯強を補給

歩行中は脱水症状を起こさないよう、のどの渇きを感じる前に意識的に水分を摂るようにする。目安は1時間につきコップ1～2杯程度。暑い時期にはよりこまめに補給しよう。

大きめのボトルや
フィルム状の水筒が
あるとテントまで
運びやすい

[水場・テント場]

調理用の水と翌日の飲料水を補給

水場に着いたら、空いたボトルやフィルム状の水筒に水を汲む。その日の食事の調理に使う水（献立をもとに概算しておく）と、次の補給地点までに必要な飲料水（2ℓ）を補充する。

利点を考えて携行容器を選ぼう

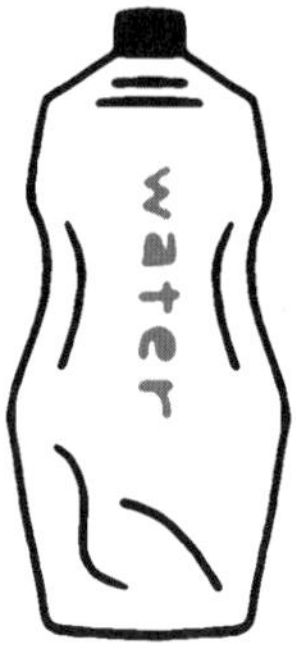

フィルム状の水筒

水を入れないときはコンパクトになる

合成樹脂製のフィルム状の水筒。耐久性は弱いが、本体が軽く、水を入れないときは折り畳むことができるので携行しやすい。

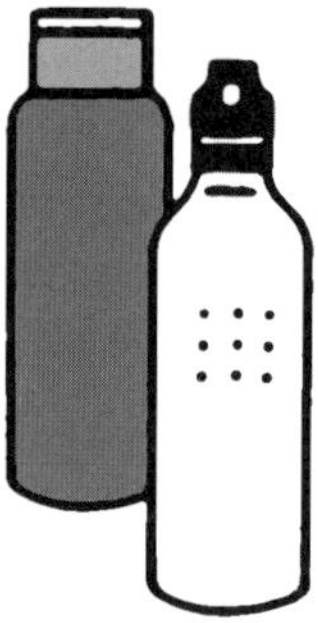

ウォーターボトル

使いやすくて丈夫 高機能タイプも便利

耐久性に優れた合成樹脂やアルミ製の筒型のものが主流。保温機能を備えたモデルなら、温かい飲み物を携行できて便利。

ハイドレーションシステム

飲みやすさは抜群 休憩の少ない人に

バックパック内部のフィルム状の水筒からチューブで飲むシステム。歩きながら飲めるが残量がわかりづらいので注意。

ペットボトル

手軽で軽量 数本を組み合わせて

耐久性はないが、手に入れやすく軽量。500mℓと1.5ℓのボトルを組み合わせて持つといい。

COLUMN

万が一の事態に備えて浄水器があると安心

日本の山水は比較的きれいで、煮沸すれば飲める場合が多い。ただし、煮沸も難しいようなときは、雨水や沢水をすぐに飲用水にできる浄水器が活躍する。バクテリアや病原体を除去できるものや化学物質を除去できるものなど、さまざまな種類がある。

0.2ミクロンの穴が開いたフィルターで雑菌などを濾過しながら、飲み口のストローで吸い上げて飲むタイプ。フィルターの耐性がなくなるまで使用できる。

\ 真水以外にもさまざまな飲料が選択肢に /

甘い炭酸飲料

清涼感と糖分で、疲労回復に効果的。意外に早く飲みきってしまうので、炭酸が抜けるのも気にならない。

スポーツドリンク

脱水対策に最適。濃すぎると感じる場合は水で薄めたり、粉末タイプを利用して好みの薄さに調節してもいい。

真水

飲みやすく汎用性も高いが、真水だけでは塩分やエネルギー不足に。飲むのが真水中心なら行動食も意識的に摂る。

温かい飲料

春や秋など寒い時期に、冷えた身体を温めることができる。保温性のあるウォーターボトルに入れて携行する。

LL牛乳

常温で保存できるLL（ロングライフ）牛乳。お腹にたまり、気分転換にもなる。200mℓパック程度が適量。

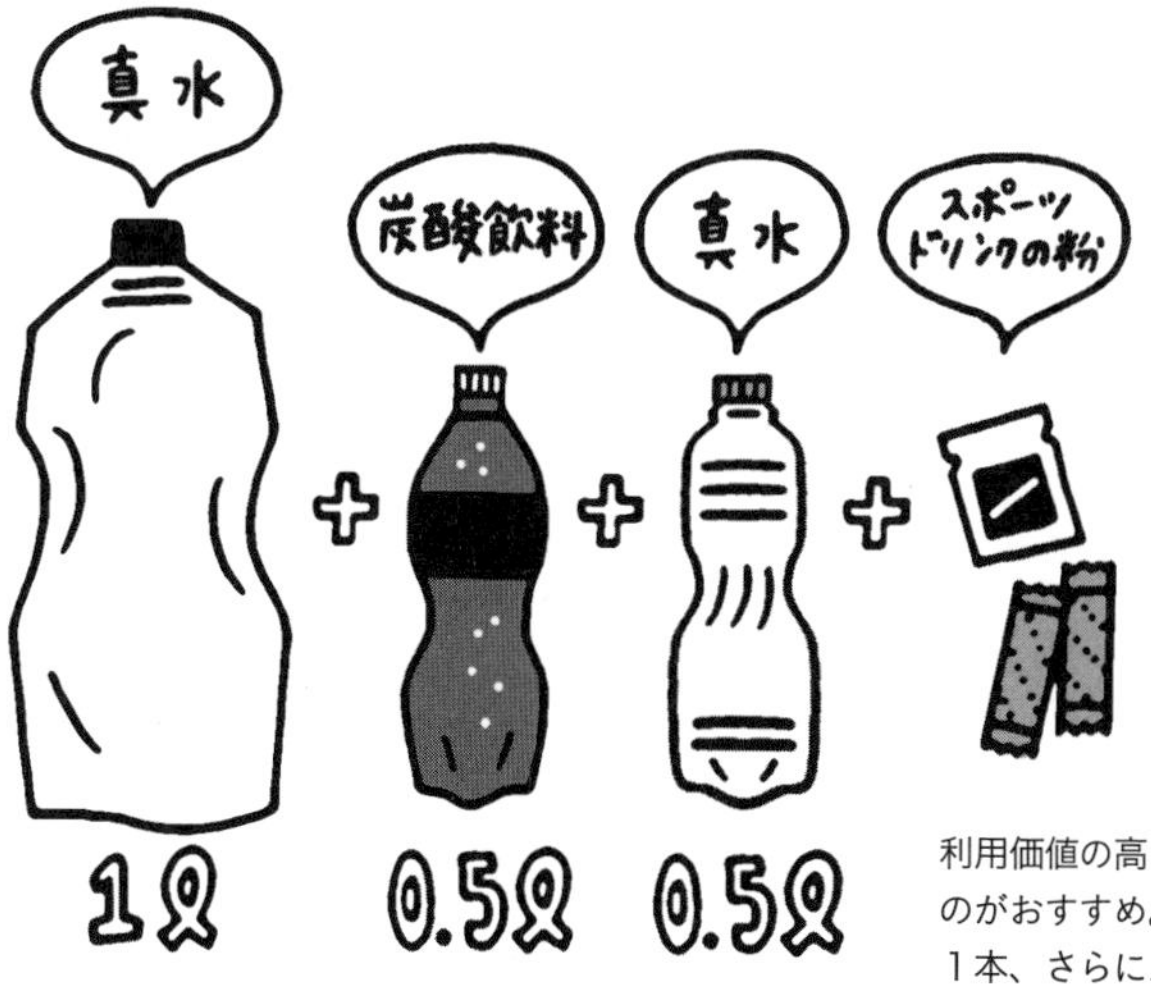

利用価値の高い真水をメインにするのがおすすめ。炭酸飲料のボトルを1本、さらにスポーツドリンクのパウダーを用意しておけば、必要に応じて糖質や塩分などを補給できる。

食事

「朝・昼・晩」の枠に縛られず行動に合わせて摂ることが大切

軽量で栄養価の高いものを中心に献立を考えよう

歩行中はたくさんのカロリーを必要とする反面、持ち歩く荷物はできる限り減らしたい。軽量で高カロリーの食べ物を選ぼう。栄養補給食やフリーズドライが便利だが、そればかりではストレスがたまる。適度に好物を取り交ぜることも大切。里や街を通るコースでは、レストランやカフェを利用する手もある。

日常生活の食事では、肥満防止のために「朝食や昼食をしっかり、夕食は軽め」というのがセオリーだが、体力を消耗するロングトレイルでは逆。日中は歩行を妨げないよう軽めにすませ、夕食は時間をかけてたっぷり楽しもう。

食事の内容と調理のポイント

POINT 1 普段より高カロリーを心がけて

長時間の歩行で消耗した体力回復のために、多くのカロリーが必要。食事量を増やすことは難しいので、カロリーの高いものを意識的に摂るようにする。

POINT 2 フリーズドライ食品が便利

お湯を注ぐだけで調理できるフリーズドライ食品が便利。丼物やシチューなど、バリエーションが豊富。味も改良され、おいしいものが増えている。

POINT 3 嗜好性の高いものや好物も大切

食でストレスをためないよう、好物や自分へのご褒美になる食べ物を用意してもいい。果物やおつまみの缶詰、サラミなど、常温保存できるものから選ぶ。

スムーズな1日の栄養補給計画

04:00
起床!
05:00

行動前（朝食）

06:00

身体を目覚めさせるものを軽く摂る

07:00
08:00

血糖値をゆっくり上げるために、おにぎりやパン、シリアルなどの炭水化物を摂る。食べすぎるとその後の歩行が苦しくなるので、量は控えめに。なるべく早く出発するため、時間をかけずに手早くすませよう。

P100

09:00
10:00

この間は休憩を挟みつつ基本的に歩き続ける

行動中（昼食・行動食）

11:00

行動を妨げないよう短時間を心がける

12:00
13:00

できるだけ長く歩いて距離を稼ぐために、昼食の時間を作らず、歩きながら行動食を食べてすませる人も多い。大休憩をとる場合は、20分～小一時間程度が目安（p117参照）。食べすぎると体が重くなる。高カロリーのものを軽めに摂る。

14:00

P101

15:00
16:00

行動後（夕食）

17:00

炭水化物をメインに温かい食事を

18:00
19:00

１日の中で唯一時間をかけて摂る食事。疲れをとって良く眠るためにも、温かい食事を楽しみたい。エネルギー補給のために、ご飯や麺などの炭水化物をしっかり摂る。フリーズドライにひと手間加え、ボリュームアップを図るのもおすすめ。

P102

20:00
就寝!
21:00

行動前の食事（朝食）

出発前に摂っても良し
歩き始めてからでも良し

真夏などは、日の出前の涼しいうちに距離を稼ぎたい。起きたら素早く身支度をし、1～2時間歩いてから朝食を摂る人が多い。一方、温かい食事で身体を覚醒させてから行動開始という人もいる。自分に合ったスタイルを選ぼう。

【おすすめの食事】

シリアル	さまざまな穀物を使ったシリアルは、栄養バランスも良くエネルギー源としておすすめ。ドライフルーツ入りなら味の満足度も高い。
パン	固く焼き締めたハード系のパンなら、よく噛むことで満腹感が得られ、日持ちも良い。ひとつずつラップに包んで携行しよう。
フリーズドライの米	お腹にたまってゆっくり血糖値を上げる米は、朝食にぴったり。前日の夜に作ったフリーズドライの米を朝食用に残しておくといい。
インスタントラーメン	温かい汁と炭水化物を同時に摂ることができる。軽量で携行しやすいうえ、調理が早く便利。身体も温まる。
インスタントスープ	1カップ程度のインスタントスープは、量も多すぎず身体も温まる。朝食にはちょうどいい。好みで乾燥野菜を足してもOK。
栄養補給食	ビスケットやパン状のエネルギーバーは、手軽に素早く栄養とカロリーを補給できる。起きたらすぐ行動開始したい人には便利。
温かい飲み物	温かいコーヒーやココアは、身体を目覚めさせてくれる。スティック状のインスタントの粉末なら、かさばらず携行しやすい。

行動中の食事（昼食・行動食）

歩きながらこまめに摂る時間を作るなら20分程で

歩き続けたい人は、行動食を密閉袋にまとめ、つまみながら歩く。行動食は非常食にもなるので、多めに用意する。昼休憩をとる場合は20分〜小一時間。下記のようなもの以外にも、ときには温かい食事を作ったり飲食店などを利用してのんびり堪能してもいい。

【おすすめの食事】

栄養補給食	必要な栄養価が計算されているので、行動食としてはもっとも優秀。非常食にもなるので多めに用意する。
ナッツ	手軽につまめて高カロリー。さまざまな種類を取り合わせたミックスナッツがおすすめ。
ドライフルーツ	栄養と糖分が凝縮され、日持ちもする。最近ではマンゴーやキウイ、トマトなど種類も豊富で、選ぶ楽しみもある。
フリーズドライのおこわなど	出発前に水を入れてそのまま携行すれば、数時間後には食べられるようになる。お湯を沸かす燃料を節約したいときに便利。
チョコレート	気温の高い夏場以外に携行したい。ナッツと組み合わせたチョコレートバーは、より高カロリーでボリュームがある。
サラミやビーフジャーキー	不足しがちなたんぱく質と塩分を補給できる。味が濃くて噛み応えがあるので、気分転換にもなる。
甘い菓子	カロリーの高い洋菓子のほか、ようかんや甘納豆など餡や豆を使った和菓子もおすすめ。ランナー向けに作られたういろうも人気。
米菓子	かき餅や煎餅など餅米を使った菓子は、炭水化物としてエネルギー源に。ピーナッツや豆と組み合わせたものならカロリーもアップ。
飴	塩飴や塩キャラメルなら、糖分と同時に塩分も摂取できる。氷砂糖やブドウ糖を摂ってもいい。

行動後の食事（夕食）

ゆっくり楽しめる食事
足りなければ夜食を追加

お湯を沸かし、温かい食事をたっぷり摂ろう。長時間歩いてじわじわと体力を消耗したため、１日の終わりには思いのほかお腹が空いているものだ。足りなければ夜食を追加してもいい。

【おすすめの食事】

夕食	フリーズドライの米	お湯を注いで数分でできあがる。燃料を節約したいときは水を入れておき、数時間かけて戻す方法も。
夕食	フリーズドライのメインディッシュ	カレーや親子丼の具など、米と組み合わせるメインディッシュのほか、リゾットや雑炊などバリエーションも豊富。
夕食	インスタントラーメン	温かい汁物と炭水化物で、疲労回復に効果的。カレー味やチリ味など辛いものを選ぶとより身体が温まる。
夕食	パスタ	麺は、少ない湯量で短時間で茹であがるサラダ用のスパゲッティが便利。温めたインスタントソースをかけて。
夕食	乾燥野菜	山の食事ではどうしても野菜が不足しがち。インスタントラーメンなどに入れて、栄養価をアップ。
夕食	魚肉ソーセージ	常温で携行できて適度な塩分もあり、行動食にもなる。小さくちぎればラーメンやメインディッシュの具として活躍。
夜食	行動食の一部	夕食が足りないと感じるときは、行動食として用意した高カロリーのナッツやスナックをつまみ、お腹を満たそう。
夜食	クラッカー	ちょっと物足りないというときにおすすめ。軽量で行動食にもなるので、多めに持っていてもいい。
夜食	チーズ	たんぱく質を補給できてお腹にもたまる。おつまみ用のスモークチーズなど、常温保存できるものを。
夜食	温かい飲み物	仲間とゆっくり過ごすときは、ココアやスープ、味噌汁など、温かい飲み物とともに。身体が温まりリラックス。

いつも何食べる？

ハイカーに聞くロングトレイルでの食事

山での食事は十人十色。ロングトレイルを楽しむ4人のハイカーに、
お気に入りの食事と食事の摂り方を尋ねた。

CASE 1　Y・Tさん

朝〜行動中は食事量が少ないぶん、高カロリーのものを選びます。行動食を多めに携行し、夕食後に物足りなければ食べます。

〜ある日の献立（3泊4日／テント泊）〜

- 朝（5：00）…エネルギーバー
- 行動中…エネルギーバー、ドライフルーツとシリアルのミックス、チーズ、チョコレート
- 夜（16：30）…インスタントラーメンに、乾燥野菜と魚肉ソーセージを入れたもの、チーズ、あんパン半分

CASE 2　S・Sさん

宿泊施設では朝食をお弁当にしてもらいます。朝4：00頃に歩き始め、朝日が昇る頃に朝食。最近は常温保存可の牛乳がお気に入り。お腹にたまり、疲れもとれます。

〜ある日の献立（2泊3日／山小屋泊）〜

- 朝（6：00）…
  宿泊先で作ってもらう弁当（半分）
- 昼（11：30）…朝の残り、みかん
- 行動中…チョコレート、牛乳、塩飴
- 夜（17：00）…宿泊施設の夕食

CASE 3　A・Sさん

行動食は、食べきりパックを携行して少しずつ摂ります。栄養価は気にせず好きなものを用意し、食でストレスをためないようにします。

〜ある日の献立（2泊3日／山小屋・テント泊）〜

- 朝（6：00）…エネルギーバー
- 昼（11：00）…
  宿泊先で作ってもらったおにぎり弁当
- 行動中…ようかん、甘納豆、かき餅
- 夜（17：00）…
  スパゲッティ（サラダ用）、インスタントソース、チーズ、パン（ピーナッツバター付き）

CASE 4　I・Nさん

テントでの一杯が楽しみ！　酒や缶詰など重さのある嗜好品は、仲間と分担して持って行きます。

〜ある日の献立（3泊4日／テント泊）〜

- 朝（4：30）…エネルギーバー
- 昼（10：30）…インスタントスープ、フルーツ入りパン1個
- 行動中…かき餅、ミックスナッツ、ドライフルーツ、ブドウ糖
- 夜（18：00）…
  米、カレー（ともにフリーズドライ）
- 夜食（19：30）…桃の缶詰、蒲焼きの缶詰、クラッカー、酒

COLUMN 02

正しい使用法で疲れを軽減

トレッキングポールを使いこなす

あくまで補助的なもの頼りすぎないことが大切

スムーズな歩行を助けるトレッキングポール。しかし、長さや使い方を間違えるとかえって身体に負担をかけてしまうことがある。注意が必要だ。

長さは、シューズを履いた状態でポールを握って直立したとき、肘が直角になるくらいがベスト。歩く際は下記のことに気をつけよう。前につきすぎたり、体重をかけすぎたりすると、腕が疲れたりバランスを崩して転倒しやすくなる。あくまで歩行の補助として、頼りすぎないようにしたい。

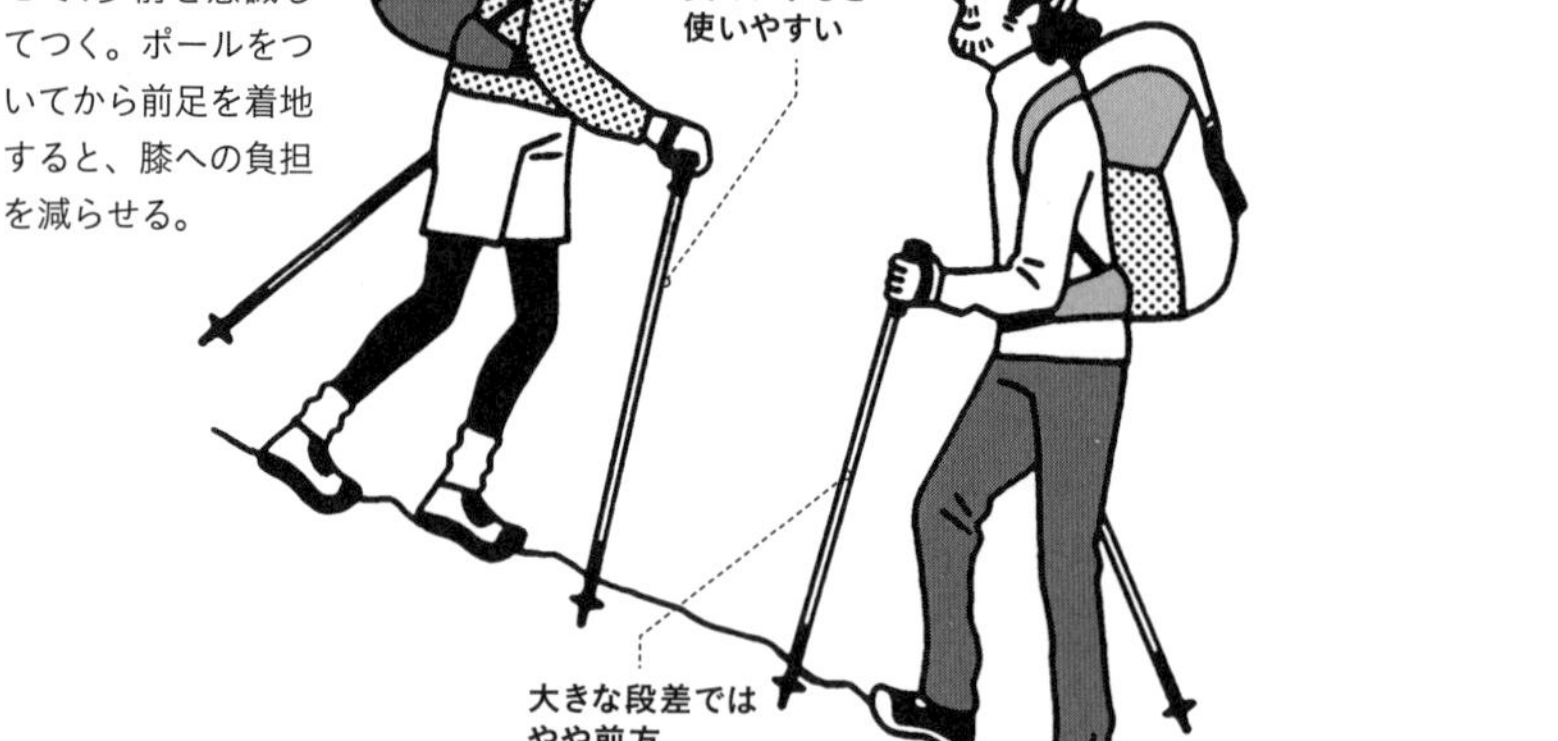
下り
グリップの上端を包むように握る。遠くにつくとバランスを崩す。歩幅に合わせて1歩前を意識してつく。ポールをついてから前足を着地すると、膝への負担を減らせる。
登り
前につきすぎると、ポールに頼りきって、正しい重心移動ができなくなる。歩幅に合わせ、次の1歩の位置に合わせてつく。
登りより少し長めにすると使いやすい
大きな段差ではやや前方気味につく

PART

4

歩き方のコツから応急処置まで

快適に楽しく歩き通すために

ロングトレイルを歩く際には、
山歩きの基礎知識が役に立つ。
疲れない歩き方から、天気との付き合い方まで。
自然を安全に楽しむコツとは。

下調べ・スケジューリング

楽しい旅になるかどうかは出かける前の準備で決まる

準備万端の状態で臨めばハプニングにも対応できる

山では思いもかけぬトラブルが起こるものだ（p38参照）。また、慣れない環境で常に気を張って過ごすなかで気づかないうちに疲れがたまっていると、何かあったときに冷静な判断がしにくくなる。

あらかじめしっかり計画を立て、持ち物も体調も万全の状態で臨むことで、コース上でのハプニングにも柔軟に対応する余裕が生まれる。現地で心おきなく自然を楽しむには大切なことだ。

とくに、仲間と歩くときや山を歩くことに慣れたリーダーがいる場合、安心感から気が緩みがちになる。人まかせにせず自分の物は自分でしっかり準備・管理し、コースやスケジュールを把握しておこう。

慣れないうちは面倒に感じるかもしれないが、経験を重ねながら持ち物を検討したり、よりスマートな計画を立てようと試行錯誤するのはやりがいのある作業だ。ぜひ準備を楽しむ姿勢を持ってほしい。

出かける前に行程をシミュレーションしておく

持ち物を揃えたら頭の中で行程をシミュレーションしておこう。地図やガイドブックの情報だけでイメージしづらいときは、実際にコースを歩いた人の記録が参考になる。

経験のある知人に感想を聞いたり、インターネットのブログなどで行動記を探してみるのもおすすめだ。

\ 下準備が完璧なら余裕を持って楽しめる /

コースをしっかり把握する

地図をよく読み、所要時間やアップダウン、水場などを確認。行程をシミュレーションしておく。

地図の読み方 ▶p132

変更も視野に入れ細かく計画する

歩行時間や食事内容は細かく行動計画を立てる。同時に変更のオプションも考えておくと安心だ。

数日前までに荷造りを終える

前日に足りないものに気づいて焦ったりしないよう、ギアや食糧は数日前までに用意する。

荷物のパッキング ▶p72

悪天候なら諦めるのも手

雨だと厄介なことも多く、慣れないうちは楽しめないことも。すっぱり諦めて延期するのも手。

天気との付き合い方 ▶p134

体調管理は万全にしておく

寝不足や二日酔いなどの状態で山に入るのは危険。数日前からしっかり体調を整えておく。

慣れない道でも、余計な疲れや不安を感じることなく、歩くことそのものや目の前の景色を思う存分楽しむには準備が大切だ。

ペース

話しながら歩けるくらいの ゆっくりした速度がベスト

息切れを起こさないよう緩やかなペースを作ろう

アップダウンのある山道では、速く歩くとすぐに息切れを起こしてバテてしまう。登りでも息切れせず会話しながら歩けるくらいの、ゆっくりしたペースが基本だ。それでも呼吸が乱れてきたときは、下の方法を試してみるといい。

数人で歩く場合は、人によってペースが異なる。全員が歩き慣れた人であればそれぞれ好みのペースで歩き、休憩ポイントや宿泊場所で落ち合ってもいいが、歩き慣れていない人を含む場合はバラバラに行動するのは危険。左ページのようなポイントに注意し、うまくペースを作ってまとまって歩こう。

呼吸が乱れたら深呼吸&口笛を

3秒吸う

肺いっぱいに思いきり吸い込む。

6秒吐く

唇をとがらせ細く長く吐ききる。

立ち止まらず歩きながら意識的に深く呼吸する

急坂の登り道などでつらいと感じるときは、呼吸が浅くなっている。吸うことよりも吐くことを意識して、深く呼吸。長く細く吐くことで、しっかりと吐ききることができる。歩きながら深呼吸をしたり、口笛を吹くのも効果的だ。

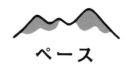

数人でも上手にペースを作るために

【 先頭 】

ある程度歩き慣れた人

ペース配分と時間管理

道の傾斜や状態から速度を決める。後ろの人の様子や時間も気にかけて。

【 すぐ後ろ 】

歩き慣れない人
遅れがちな人

前の人の足跡をトレース

歩き慣れた人は自然と足場の良い場所を歩く。足跡をたどるようにすると楽に歩け、ペースを取り戻せる場合が多い。

【 しんがり 】

一番歩き慣れた人

広い視野で人数確認

人数が多いと途中で列を抜けたままはぐれる人も出やすい。広い視野でパーティ全体を見て、あらゆる状況に対応する。

歩き慣れた人は先頭と後方に分かれ、常に全体の様子に気を配ろう。遅れがちな人が後方を歩くと、それに合わせて全体のペースも落ちてしまう。列の前方で先頭について歩いてもらうとペースを作りやすい。

歩き方

脚を使いすぎないことが大切 リラックスして自然な動作で歩く

全身の筋肉の消耗をできるだけ抑える歩き方を

山道は凸凹していてアップダウンがあるうえ、浮き石やぬかるみなど足場の悪い所も多い。安定した速度で安全に歩くためには、想像以上に筋力と体力を使うものだ。

長く快適に歩き続けるためには、常に小さな動きを心がけ、脚をはじめとする全身の筋肉の消耗をできるだけ抑えなければならない。脚を上げすぎずに小股を意識し、同じペースで歩く。上半身も余計な力を抜き、脚の動きに合わせて自然に動かそう。

また、歩行に集中するために、スタート前にギアの状態をしっかりチェックして、正しい状態に保っておくことも大切だ。

スタート前におこないたいギアチェック

CHECK ① シューズ

生地の破れや靴底の剥がれなどのシューズトラブルがないか点検する。歩き始めてから何度も直さなくてすむよう、丁寧に足を入れてしっかり紐を結ぶ(p79参照)。

CHECK ② バックパック

休憩まで荷物は下ろさない。必要なものがすぐに取り出せるようになっているか確認し、身体に無駄な負担をかけないようフィットさせて背負う(p77参照)。

CHECK ③ ウェア

山道を歩く場合は、アップダウンがあるため、行動後すぐ体温が上昇する。少し肌寒く感じるくらいの服装でスタートを切ろう。街や里の舗装道路を歩くなら、快適と感じる服装でOK。

疲れにくく安全な歩き方とは

【目線】
足元に注目するためうつむきがちになる。時々目線を上げ、視野を広く保つ。

【体幹】
バックパックの重さで後ろに引っ張られるので、ほんの少し前傾させる。背中や腰はまっすぐ保ち、股関節から傾けて。

【腕】
大きく振らない。動きに合わせ、体の近くで自然に振る。

【脚】
足首や足裏を使って蹴り出す歩き方では、疲れが早い。足先は使わず、脚全体で大地を踏みしめ、前に進むイメージで。

【歩幅】
大股は疲れのもと。小さな歩幅で、腿を高く上げずにゆっくりと歩く。

手も脚も、大きな動きを避け「省エネ」を心がける。気をつけたいのは目線。歩き慣れていない人や足場が悪い場合は、つい足元ばかりを注視しがちだが、道に迷わないためにも、視野はなるべく広く保ちたい。

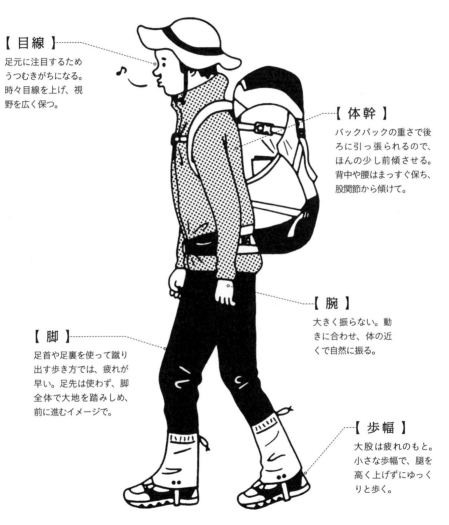

どんな道もスムーズに！

安全&疲れ知らずの歩き方のコツ

登りに階段、急坂まで。ちょっとしたコツさえつかめば、
どんな道もラクに歩き通すことができる。

のけぞらない
腰を入れ、
膝に重心を置く
斜面に
垂直に着く

わずかに前傾。
身体の中心に
重心を移動
後ろ脚の
膝は伸ばす

下り

のけぞらずに腰を入れ 膝への負担を減らす

上半身や腰が引け、膝への負担が大きくなりがち。腹筋を使って腰を入れ、重心を真ん中に戻す。かかとから着くと滑りやすい。足裏全体で着地するイメージで。

登り

重心を常に真ん中に置き 前足にかかる負荷を減らす

大股だと踏み出した足への負荷が大きい。小股にして負荷を両脚に分散させる。バックパックによって背面に荷重がかかる。上半身をわずかに前傾させてバランスをとる。

階段

片脚に負担が偏らないよう意識的に歩数を増やす

歩幅を調節しにくいため、つい大股になり、毎回同じ側の脚に負担がかかりやすい。段差や間隔が大きいときは、右図のように意識的に歩数を増やし、小股を心がける。

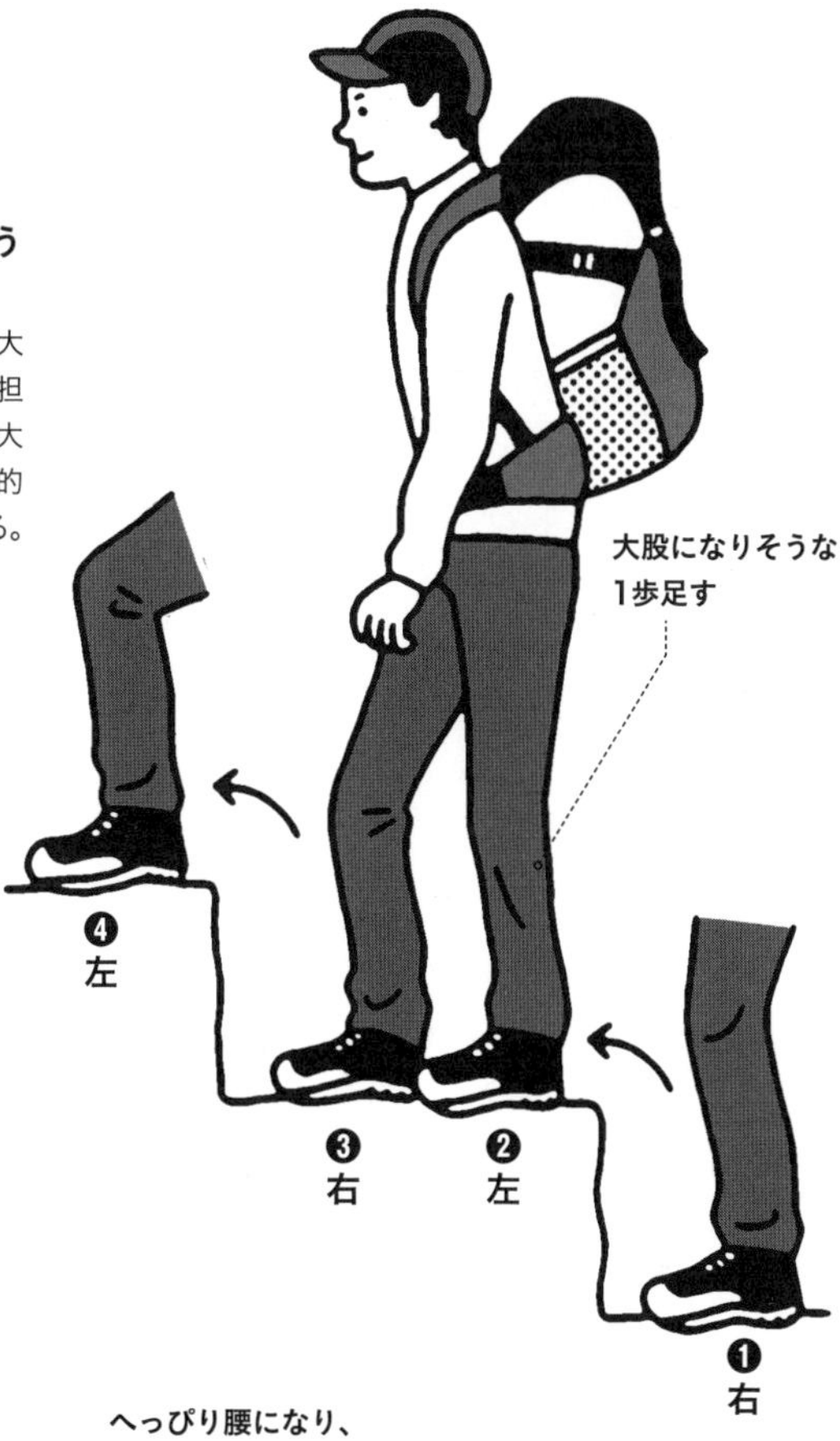

大股になりそうなら
1歩足す
❹
左
❸
右
❷
左
❶
右

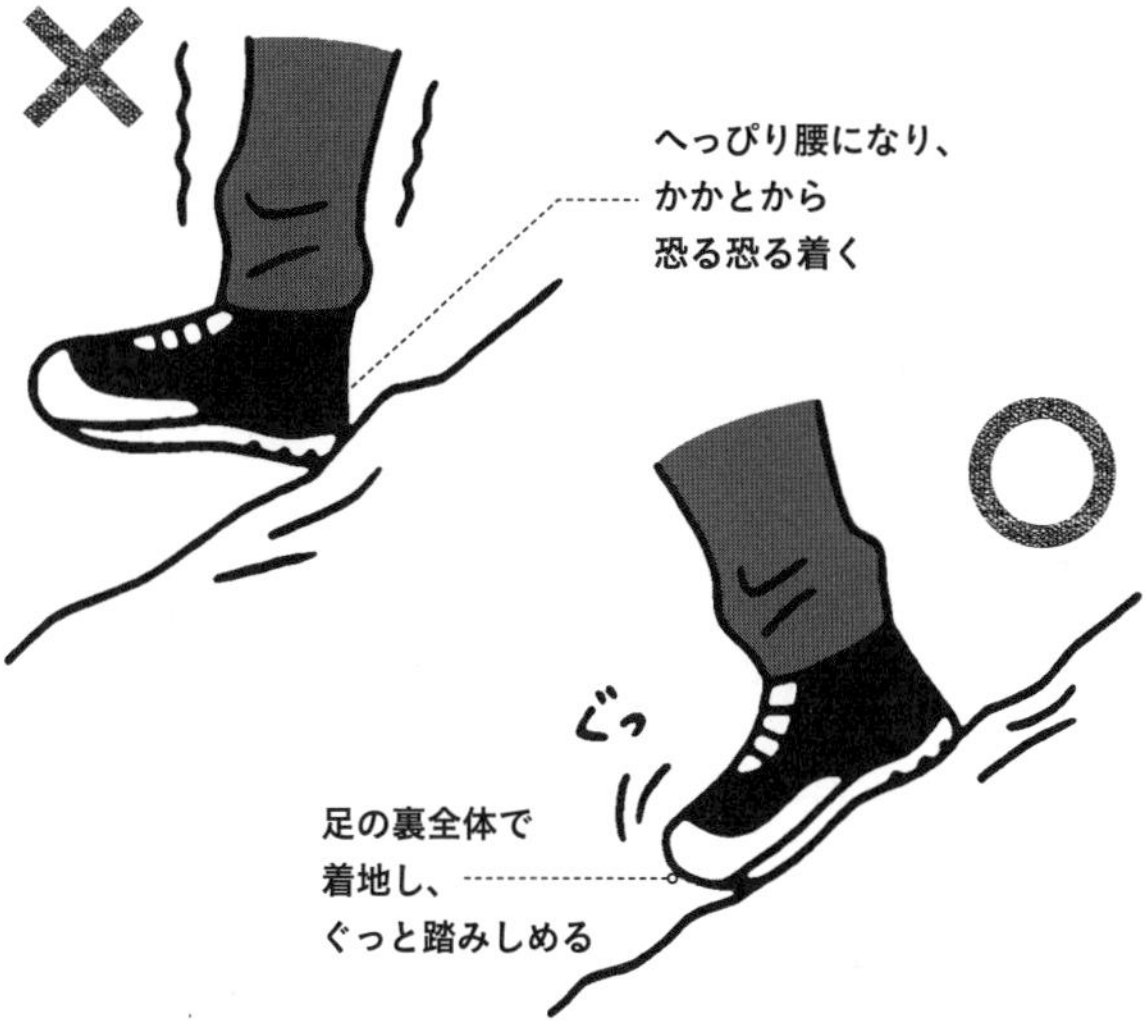

へっぴり腰になり、
かかとから
恐る恐る着く
ぐっ
足の裏全体で
着地し、
ぐっと踏みしめる

滑りやすい道

足裏全体で地面をとらえるように着地

滑るのが怖くてかかとから着くと、より滑りやすい。足裏全体で地面をとらえるように着地するほうが、摩擦面積が増え安定する。

険しい道
(ロープなし)

**できるだけ怖がらず
リラックスして全身を使う**

恐怖心は最大の敵。余計な力が入って身体が強ばるうえ、上半身をのけぞらせたり、斜面にへばりついたりすると、脚にばかり負担がかかり、足元が滑りやすくなる。恐怖心を捨て体幹を意識しよう。

【 下り 】

怖くて身体をのけぞらせたりすると、膝や足首への負担が大きく滑りやすい。体幹を使って、上半身を前方に傾倒させるよう意識しながら進む。両手両脚のうち3点で体を支えて次の1歩を探す「三点支持」が基本。

【 登り 】

斜面に身体を近づけると足裏を地面に着けにくく、滑りやすさが増す。安定した手がかりをつかみ、なるべく身体を斜面から離すようにする。

NG
OK
上体を起こして、
斜面から体を離す
つま先だけを使わず
足の裏全体で着地する

険しい道
(ロープあり)

上体をしっかり起こし
腕を伸ばして身体を支える

ロープは1人ずつ。前の人が手を離すのを確認してから使う。上体を起こし、腕を伸ばした状態で身体を支えよう。下りで後方を確認するときは、肩越しに上からのぞき込むようにする。ただし、ロープはあくまで補助。頼りすぎないように。

NG
OK
身体を倒さず
垂直に立つ感覚で
後ろ足は谷側に
つま先を向ける
ように置く

斜面を横切る

片側に身体を傾けず
垂直に立つよう意識して

谷側とは逆方向に身体を倒しがち。地面に垂直に立つ感覚で、足裏をしっかり着けて歩く。後ろ足のつま先を谷側に向けるように置くとより安定する。

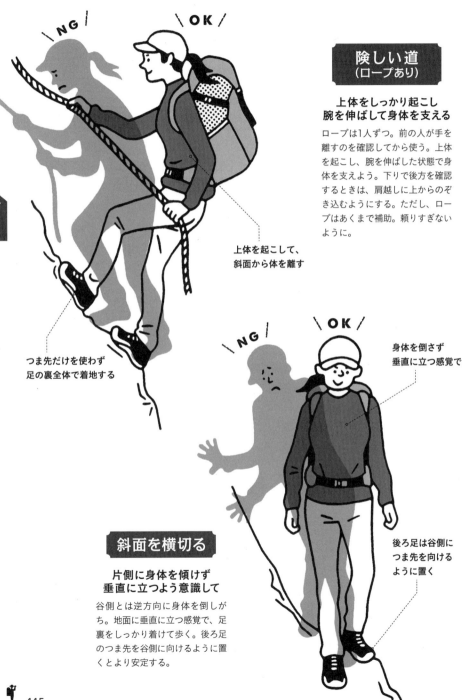

休憩

身体を冷やさないよう注意 長短の休憩で疲れを癒やす

疲れきってしまう前に効果的に休憩をとる

アップダウンのある道ではペースや歩き方を工夫し、疲れないように歩くことが基本。とはいえ、歩き慣れていない場合や長い距離を歩く場合は疲れを感じるものだ。一度バテると回復に時間がかかる。無理せず、疲れきる前に休憩をとろう。

休憩には、小休憩と大休憩の2種類がある。一般的な登山では、休憩が長すぎると身体が冷えて体力が奪われるといわれるが、旅の要素が強いロングトレイルの場合、それほど神経質になる必要はない。天候や体力と相談しつつ、気に入った場所でのんびりくつろいだり、ゆっくり食休みをとるのも一興だ。

安全&効果的な休憩のとり方

タイミング

小一時間に一度の小休憩が目安

頻繁に足を止めると運動のリズムが乱れ、かえって疲れやすくなる。つらいと感じても立ち止まらず、ペースを落として歩きながら疲労を回復させよう。目安としては、40分～1時間程度に一度の小休憩を挟むくらいがちょうどいい。

場所

道幅が広く視界が開けた場所で

精神的にも肉体的にもほっと一息つくためには、視界が開けた安全な場所が適している。植物などに影響を与えないよう、登山道から大きく外れず、道の端で休憩をとろう。他のハイカーの邪魔にならないよう、道幅の広い場所を選んで。

＼ 長短の休憩を使い分けて効率よく休む ／

小休憩

**軽く息を整えながら
疲労の度合いをチェック**

5分程度。息を整えながら水分補給。疲れを感じるときは、バックパックを下ろす。行動食を摂ってもいい。疲れがなければ立ったままでもOK。ウエストハーネスを緩めてバックパックを背負い直すだけでも身体がほぐれる。

大休憩

**身体を休めて食事を摂る
体温を下げないよう注意**

20分〜小一時間程度。荷物を下ろして食事を摂る。じっとしていると身体が冷える。防寒着で保温しよう。休みすぎて身体が強ばってしまうようなら早めに切り上げて。軽くストレッチしてから歩行を再開するといい。

身体のメンテナンス

脚だけでなく全身を気にかける 運動後のストレッチは入念に

筋肉が温かいうちにおこなうのも効果的

山道の歩行ではゆっくりとした速度で少しずつ負荷をかけていくので、スタート前の準備運動は軽めでもいい。対して、翌日に疲れを残さないために、運動後のケアは入念にしておこう。就寝前に時間をかけておこなう人が多いが、宿泊場所に着いたらすぐ、筋肉がまだ温かいうちにおこなうのも効果的だ。

脚の疲ればかりが気になりがちだが、歩行中に重いバックパックを背負ったり体幹でバランスをとることで、上半身も予想以上に疲れているものだ。とくに肩や首まわりはうっ血が起こりやすい。重点的にほぐしておくといいだろう。

全身を使う体操でウォームアップ

ラジオ体操のような運動で筋肉を温めて心拍数を上げる

歩く前におこなう準備運動としては、全身の筋肉を動かして温め、心拍数も適度に上げる「動的ストレッチ」が適している。積極的に動かしておきたいポイントは、右の通り。他にも、ラジオ体操のような全身をバランスよく使う運動も理想的だ。

CHECK!

- [ ] 足首・手首を回してほぐす
- [ ] アキレス腱を伸ばす
- [ ] 膝の関節を伸ばす
- [ ] 腿を高く上げる
- [ ] 上半身・腕を大きく回す

運動後のストレッチで疲労回復

体側

凝り固まった上半身をほぐす。片方の手でもう片方の手を持ち、反対側へ大きく傾けるように伸ばす。

首・肩

両手の先を肩口につけ、外側と内側に回す。バックパックを背負ってうっ血した肩や首まわりをほぐすのに効果的。

深呼吸

呼吸に合わせて全身から余分な力を抜き、筋肉を緩める。呼吸とともに胸を閉じたり開いたりすると効果的。

太腿

倒れないよう壁などにつかまり、身体を支えながらおこなう。足を持って後方に曲げ、太腿の前側を伸ばす。

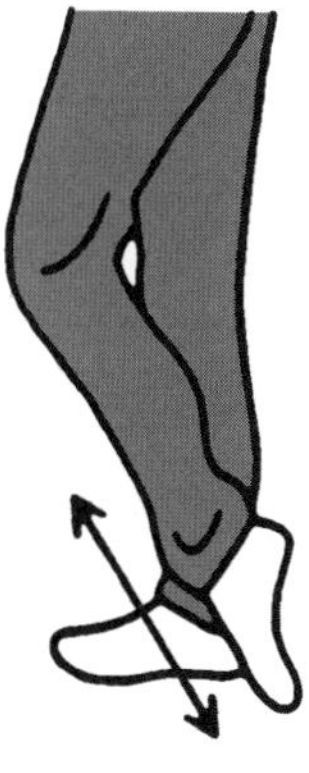

すね・ふくらはぎ

立った状態でつま先を着け、足の甲を地面に近づけるようにゆっくりと曲げる。足首も回しておこう。

道迷いを防ぐ

広い稜線、美しいブナ林……迷いやすいのは意外な道

入念な下調べと要所での地図の確認が大切

警察庁の統計によれば、2015年中の山岳遭難発生件数は2508件と過去最多。そのうちの30・5%は道に迷ったことが原因だった。ロングトレイルのコースはしっかり整備されていて初心者でも安心して歩ける道が多いが、油断は禁物だ。

道迷いを防ぐポイントは2つある。ひとつ目は、下調べ。事前に地図やガイドブックを読み込み、ルートを頭に叩き込む。2つ目は、歩行中に要所（分岐など）で地図をチェックすること。スマートフォンやGPSで現在地を確認することも有効だ。それでも迷ってしまったときには落ちついて行動しよう。

要注意！ 迷いやすい道BEST3

No.1 広い尾根道

狭く茂った登山道では、気を張って道を探すこともあり迷いにくい。逆に稜線上のだだっ広い尾根道では、道の境界線がぼやけて、歩いているうちに道をはずれてしまいがちだ。

No.2 下り

登りに比べるとスピードが出ているうえ足元を注視することが多いので、いつの間にか道をはずれたり分岐を見落としたりしやすい。たまに目線を上げ、道を確認しながら進む。

No.3 林の中を縫う道

ブナ林を縫って進む道など、見通しが悪く同じような光景が続く道では、方向を見失ったりして迷いやすい。違和感を覚えたらすぐに立ち止まり、地図と照らし合わせて確認しよう。

迷ったかな？　と思ったら即立ち止まる

STEP 1
落ちついて視野を広げる

焦ると視野が狭くなり、近くの道や目印も見落としがち。まずは気を落ちつかせて地図を確認。

STEP 2
周囲を見渡し目印を探す

辺りを注意深く見渡して、正しい道や目印（枝に結んだ布、岩に描かれたペンキの印など）を探す。

STEP 3
わかる所まで引き返す

不確定なら進まずそのまま戻る。地図を確認しながら分岐地点や稜線など、わかる場所まで引き返す。

COLUMN

人数が増えるとはぐれやすい 勝手な行動は厳禁！

大人数で歩くときは列が乱れてはぐれやすくなる。ウェアの着脱やトイレ、行動食を取り出すときなど、些細な用事でも勝手に動かず、周りの仲間に伝えてから行動しよう。歩き慣れない人を含む場合は、できればみんなが足を止めて待ち、まとまって行動したほうが安心だ。

テント泊

初心者でも尻込みせず まずは1泊から楽しんでみよう

気候の良い時期をねらえばチャレンジしやすい

ロングトレイルでの宿泊は旅館や民宿などを利用するケースが多いが、なかにはテント泊を楽しめるコースもある。野外での宿泊に慣れていない人にとっては不安があるかもしれないが、ロングトレイルのコースはそれほど高所ではなく、気候の良い時期をねらえば危険やトラブルは少ない。

また、最近のテントや宿泊用のギアは軽く、ある程度の体力があればわりと簡単に担ぐことができる。

最初から完璧を目指そうとすると、うまくいかないときにストレスがたまり楽しめない。p124からはテント泊での一連の流れを紹介しているが、深刻なものでなければ多少の失敗やトラブルは気にしないこと。まずは1泊だけにして宿泊施設と組み合わせたり、仲間とテントをシェアして荷物を軽くするなど、ストイックになりすぎずにチャレンジしてみてほしい。

テント場の確認と予約は早めにおこなおう

テント場では、場所が限られているので、あらかじめ予約が必要な場合がある。人気のコースになると夏場は混雑するので、早めに予定を立てよう。コース上にテント場が設定されていない場合は、自分で宿泊場所を決める。事前に各トレイルの事務局に連絡し、テントを張るのに適した場所を聞いておくと安心だ。

＼ 楽しいテント泊にするための3つのコツ ／

苦い経験も糧になる
失敗覚悟でまずはトライ

虫の侵入や結露による濡れなど、ちょっとしたトラブルは受け入れて。経験によって工夫するべきポイントが見え、次回に活かせる。

1泊目はテント、
2泊目は旅館。宿泊施設との
併用がおすすめ

テントでの連泊は荷物も増え、慣れないうちは負担が大きい。まずは1泊から挑戦。2泊目は宿泊施設を利用してラクをするのがおすすめ。

荷物を分担すれば
軽量化もねらえる

2人以上の場合は、複数人用のテントをシェアし荷物を分担するのも手。ソロテントより軽量化でき、余暇を楽しむものや食糧を増やせる。

テント泊での快適な過ごし方

暗くなってから慌てないよう時間に余裕を持って
設営や食事をすませ、星空の下で贅沢に夜を過ごそう。

【 テントを張るのに適した場所 】
- □ 周りに森があり、風を避けられる場所
- □ なるべく平らで軟らかい地面
- □ 崖や大きな倒木などの危険物がない場所

STEP 1 場所選び

予定地に到着したら まずは場所の確認

予約制のテント場では受付で確認。自分でテントの場所を自由に決める場合は、左のポイントに注意して適した場所を探す。

STEP 3 荷物の整理

【 バックパックから出しておくもの 】
- □ ヘッドライト　□ 防寒具
- □ 寝袋、マット

周りが明るいうちに 必要なものを用意しておく

暗くなってから慌てないよう、調理器具や就寝用のギア、防寒具など必要なものを出しておく。ヘッドライトも装着してしまおう。

STEP 2 設営

テント設営のコツ ▶p81

荷物を下ろしてテントを組み立てる

場所が決まったらバックパックを下ろし、すぐにテントを取り出して設営する。ポールの組み立てから始めるとスムーズにいく。

STEP 4 食事

温かい食事を
たっぷり摂って
お腹を満たそう

高カロリーのものをしっかりと摂る

水場で調理用と翌日分の水を補給（p95参照）。お湯を沸かして食事を作る。時間をかけられる食事なので、しっかり摂ろう。

疲労回復に
効果的な夕食
▶ p102

STEP 5 就寝

AM 5:00
AM 4:00
AM 4:30

早寝早起きが基本 アラームも忘れずに

日の出前に歩き始める人も多く、みんな夜は早い。遅くても21時までには就寝。寝過ごさないようアラームのセットも忘れずに。

STEP 6 起床・撤収

痕跡は
跡形もなく
消して！

軽い朝食をすませ速やかに撤収

出発前に朝食を摂るなら、手早く軽めに（p100参照）。身支度を整えテントを片付ける。出発前に忘れ物や落とし物がないか最終確認。

危険動物

クマ、ハチ、ヒル、ブヨ……
刺激しないことが何よりの防御

ヒルの被害が急増中 事前に発生状況を確認して

低山で悩まされる危険動物の代表は、ヒル（山ビル）とブヨ。命に関わる被害はないが、快適に歩けなくなるので対策が必要だ。とくに近年はヒルの被害が増えている。地域や年によって遭遇率が異なるため、事前にコースの事務局などに尋ねて状況を確認しておこう。

ヘビやハチ、クマなど、攻撃されると命に関わる動物にもごくまれに遭遇する。いずれもむやみに襲ってくることはない。まずは出合わないように避けて歩くこと、出合っても決して刺激しないことが大切だ。

その他には、蚊の被害も深刻。虫よけ薬や蚊帳で予防しよう。

露出を避けてヒル対策の薬で遠ざける

足元から這い上がったり、頭上から降ってくる。ヒル避けの薬をシューズやパンツ、帽子、首に塗り、入り込みそうなすき間をなるべくふさぐ。

【吸血されたら…】

無理にはがそうとすると皮膚を傷つける。ライターなどの火を近づけ、塩をかけてはがす。はがれたらポイズンリムーバーで毒を吸出。虫刺され用の薬を塗り、絆創膏で止血する。

マムシ以外も要注意 うかつに藪に入らない

危険なのはマムシとヤマカガシ。怖がらせなければ害はないので、藪など出合いそうな所は避ける。

【咬まれてしまったら…】

速やかにポイズンリムーバー（p87参照）で毒を吸い出す。残った毒が全身に回らないよう、咬まれた箇所の周りを包帯やテーピングで固定し、病院へ直行。

ブヨの大群

死に至らずとも強烈なかゆみと腫れに悩まされる

気温や湿度の関係でときに大量発生する。夏場は虫よけスプレーを持参。効かないときはモスキートネットも有効。

【 咬まれてしまったら… 】

咬まれたことにいち早く気づき（痛みや出血がある）、かゆみが出る前に対処することが大切。ポイズンリムーバーで毒を吸い出し、消毒しておく。

ハチ

刺激したり巣穴を荒らさないように

刺激すると攻撃される。追い払わず速やかに立ち去る。地下の巣穴を踏みつけないようコースからはずれないことも大切。

【 刺されてしまったら… 】

すぐにその場を立ち去ること。ポイズンリムーバーで毒を吸い出し、きれいな水で洗う。アナフィラキシーショックの恐れもあるので、一刻も早く病院へ。

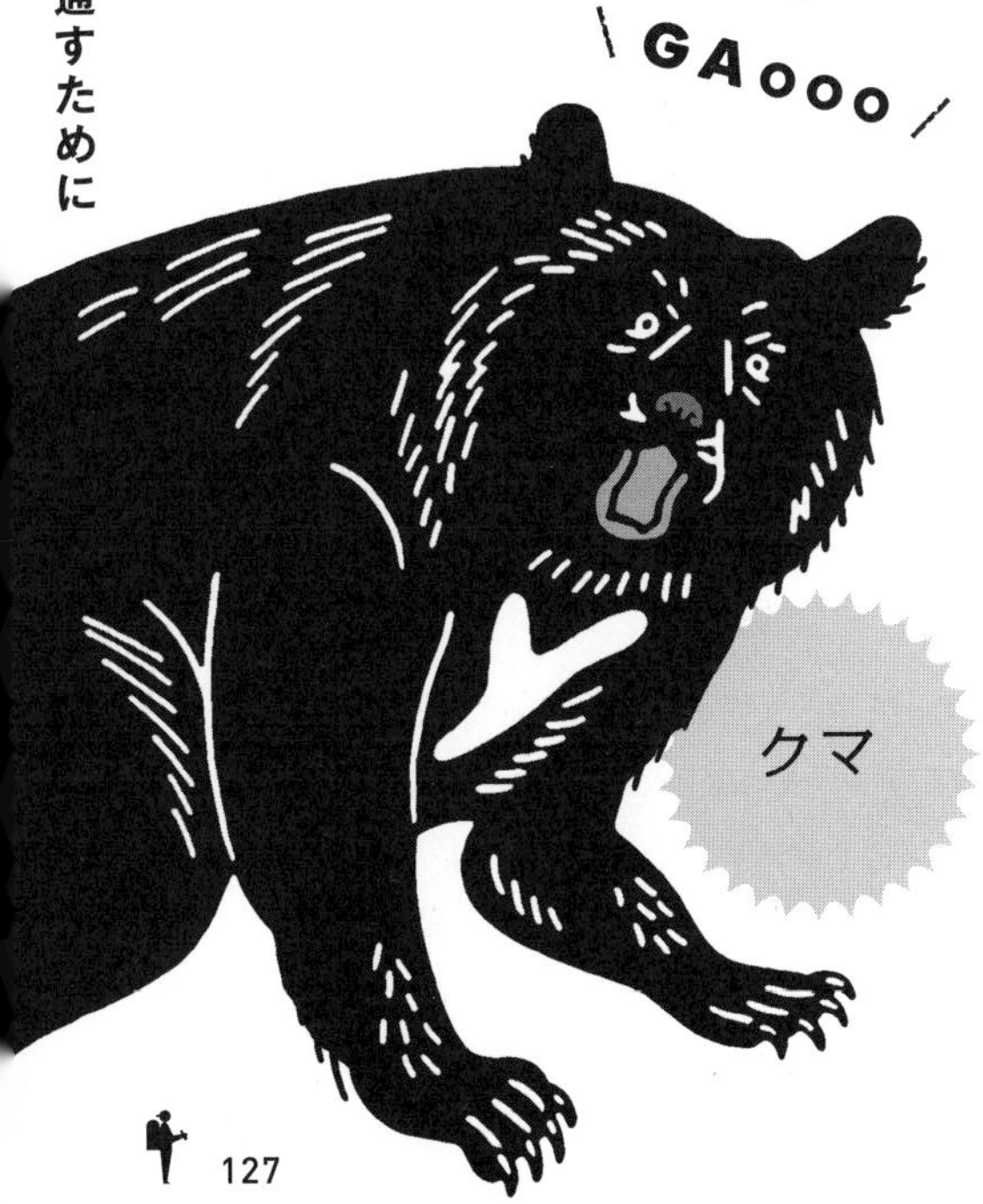

いち早く気づいてもらい鉢合わせを避ける

雨や霧などで見通しが悪く匂いが消えやすい環境では注意。クマよけの鈴や話し声、ホイッスルなど、音を出してこちらの存在をいち早く知らせて。

【 出合ってしまったら… 】

○ **静かに後ずさりして立ち去る**
背を向けて逃げると追ってくることが多い。クマを見つめたまま、刺激しないようゆっくり静かに後退。

△ **木に登る**
木登りが得意なので簡単に追いつかれてしまうが、攻撃しにくいため、致命傷は避けられる可能性も。

× **攻撃や威嚇・死んだふり**
臆病でも売られたケンカは買う動物。闘ったらまず勝てない。死んだふりは、逆にクマの興味を引くこともありNG。

応急処置

ケガや健康トラブルはつきもの慌てず対処して病院へ

慣れてきても油断せず集中してトラブルを避ける

どんなスポーツもそうだが、慣れて楽しくなってきた頃に気が緩み、自分の力を過信してつい無理しがちになり、ケガが増えるものだ。ましてやロングトレイルのように自然が相手の場合、同じコースでも季節や天候の変化によって状況は異なる。油断せず、毎回目の前の道に集中して歩くことが大切だ。

左のようなトラブルに見舞われたときは、手持ちの救急セットで対処する。ただし、少ない道具で素人ができることはあくまで一時的な処置にすぎない。決して無理をせず、状況によっては歩行を断念して病院へ直行する決断力を持とう。

安全&簡単な道ほど気をつけて

歩き慣れて楽しくなってきた頃
歩き方のコツをつかみ体力にも自信がついてくると、油断しがち。転倒や分岐を間違えるなどのミスが増える。

歩きづらく危険な道を通過した後
難所を通過中は気が張っているもの。通り過ぎた所で緊張が切れ、気の緩みから事故が多くなる。

調子良くスピードにのった下り坂
下りは足の運びが早く、どうしてもスピードアップしがち。登りよりも事故が起こりやすく、ケガの程度も大きい。

意外な所に「落とし穴」がある。油断せず常に気を張って。

よく起こる健康トラブル＆対処法

トラブル		対処法
❶ マメ 靴擦れ	装備が万全でも長距離を歩くため、できやすい。下記の場合はさらに注意が必要。 **こんなとき注意！** **新しい靴を履いている人／歩き慣れていない人**	違和感があったら皮膚が破れる前に絆創膏を貼り、上からテーピング。めくれやシワがあるとその部分で擦れが起こる。丁寧に貼ろう。
❷ 熱中症	身体に熱がこもって頭痛やめまいなどの症状が起こる。蒸し暑い時期には要注意。 **こんなとき注意！** **行動中に水や食事をあまり摂らない人／夏の低山**	帽子と涼しい服装を着用し、水分と塩分をこまめに摂取。異変を感じたらすぐ日陰で休む。濡れタオルなどで体温を下げ、水分＆塩分補給を。
❸ 関節痛	圧倒的に多いのが下りでの膝痛。普段より少し荷物が重いだけで起こることもある。 **こんなとき注意！** **普段から関節痛がある人／最近太った人／荷物が重い人**	不安があればあらかじめサポーターを。痛みが起きたらスプレーなどで冷やし、幅広包帯やテーピングで固定。鎮痛剤を飲んで痛みを緩和。
❹ ヒル 虫刺され	事前に確認し、大量発生が予想されるときは対策を考えておこう（p126参照）。 **こんなとき注意！** **夏の低い山／露出の多い人／突然大量発生することも**	多少不快でも、露出の多い服装は避ける。咬まれたり刺されたりしたら、いち早くポイズンリムーバーで毒を吸い出す（p126参照）。
❺ 骨折 捻挫	足の踏みはずしや転倒によって起こる。右ページのような道では注意する。たとえ最初の症状が軽くても無理は絶対に禁物。 **こんなとき注意！** **下り／難しい道を通過した後／高齢者**	捻挫はスプレーなどで冷やしてテーピングで固定。大きな腫れや内出血があるときは骨折の可能性も。どちらにしても速やかに下山する。
❻ 擦り傷 切り傷	手や腕など肌が露出した部分に起こりやすい。軽いものなら応急処置で歩行を続けられるが、傷が深ければ無理はしない。 **こんなとき注意！** **下り／転倒**	携行する飲料水などきれいな水で洗浄（傷口に入った砂などは無理にとらなくていい）。消毒して絆創膏を貼る。出血量が多ければすぐ下山。

登山届

山での「もしも」に備えて公的機関と身内に知らせる

細かく作成することで計画を振り返るきっかけに

登山道を含むコースを歩くときは、たとえ低山であっても登山届を出す。地域によっては登山届の提出が義務化され、違反すると罰金を科されることもある。

登山届は、万が一に備えて第三者に計画を知らせておくことが目的だが、記入することで改めて装備やルートを振り返るきっかけにもなる。

登山届は山域を管轄する警察署か、登山口に設置されたボックスに提出し、下山したら必ず下山報告をする。出発前に家族に同じものを渡しておくと安心だ。インターネット経由で登山届を提出できるサイト「コンパス」(※)もあるので、活用したい。

COLUMN

初心者レベル・低山でも保険に加入しておくべき?

万が一遭難事故にあった場合は多額の救助費用がかかるため、低山であっても加入しておこう。日本山岳協会をはじめ複数の団体が取り扱っており、雪山を含む本格的な登山向けや軽登山向けなどさまざまな種類がある。金額や保障内容を比較し、山歩きのスタイルに合わせて選ぶといい。

※「コンパス」http://www.mt-compass.com

計画は万全？ チェックしながら作成を

山岳会に所属している場合は会名を記入。

登山計画書

御中　　　　　　　　　○年○月○日

所属団体名		所在地	
		電話番号	
目的山域	高島トレイル(愛発越〜桜峠)		
現地連絡先	自分の携帯電話		

任務	氏名	生年月日・年齢・血液型	現住所・電話番号	緊急連絡先(氏名・電話番号)
CL				

メンバー全員分を記入。緊急連絡先は、実家や職場など。1ヵ所に連絡がとれないときのために複数挙げておくと安心。

行動予定

○月1日　00：00 国境バス停発…00：00 乗鞍岳…00：00 芦原岳…
15：00 黒河峠でテント泊
○月2日　5：00発…0：00 三国山…0：00 赤坂山…0：00 寒風…0：00 大谷山…
00：00 抜土…00：00 近江坂…15：00 大御影山付近でテント泊
○月3日　5：00発…0：00 大日尾根…0：00 三重嶽…0：00 武奈ヶ嶽…0：00 赤岩山…
00：00 水坂峠…00：00 二の谷山…00：00 桜峠…00：00 保坂バス停

登山地図のコースタイムをもとにスケジューリング。ルートや通過点、宿泊予定地を記入。

非常時対策・エスケープルート

○月1日：芦原岳までは来た道を戻る／○月2日：緊急時・天候不良の場合は寒風より下山。
○月3日：緊急時・天候不良の場合は水坂峠より本道へ。保坂バス停より下山。
※遭難時はエマージェンシーシート(オレンジ)着用。

食糧・共同装備・その他

食糧：1人当たり4食分、行動食3日分、非常食3食分
装備：ザック(赤)、ハーフパンツ、防寒着、レインウェア(紫)、予備着替え、ポール有
燃料：バーナー、ガス1缶、水3L
持病：なし　山岳保険：加入済み

遭難した場合に捜索活動で役立つよう、装備は色などの特徴も書いておく。

地図読み

3種の地図を読み込んで出発前にルートをイメージ

毎回地図を持ち歩き実地訓練することで上達

出発前には、歩くコースの下調べが必須。各トレイルが発行しているコースマップ（スマートフォン対応の地図を設定している場合もある）だけでなく、国土地理院発行の地形図や登山地図も参考にしよう。

地形図を読み解くポイントは、左ページの5つ。等高線の間隔が狭いほど急坂になる。アップダウンをはじめ、分岐や曲がり角の目印なども確認しよう。最初は慣れないかもしれないが、毎回持ち歩き、実際のルートと照らし合わせることで、徐々に慣れる。出かける前に地形図を眺めて、歩くルートをシミュレーションできるくらいになれば安心だ。

3種類の地図の違いと特徴

各トレイルのコースマップ

協会の加盟トレイル（巻末付録参照）であれば、専用マップが用意されている場合が多い。

登山地図

「山と高原地図」（昭文社）が一般的。コースタイムや危険箇所などが書き込まれている。

地形図

国土地理院発行「2万5000分の1」縮尺が便利。10m間隔の等高線が入っている。

5つのポイントを押さえてルートを先読みする

【実際の地図】

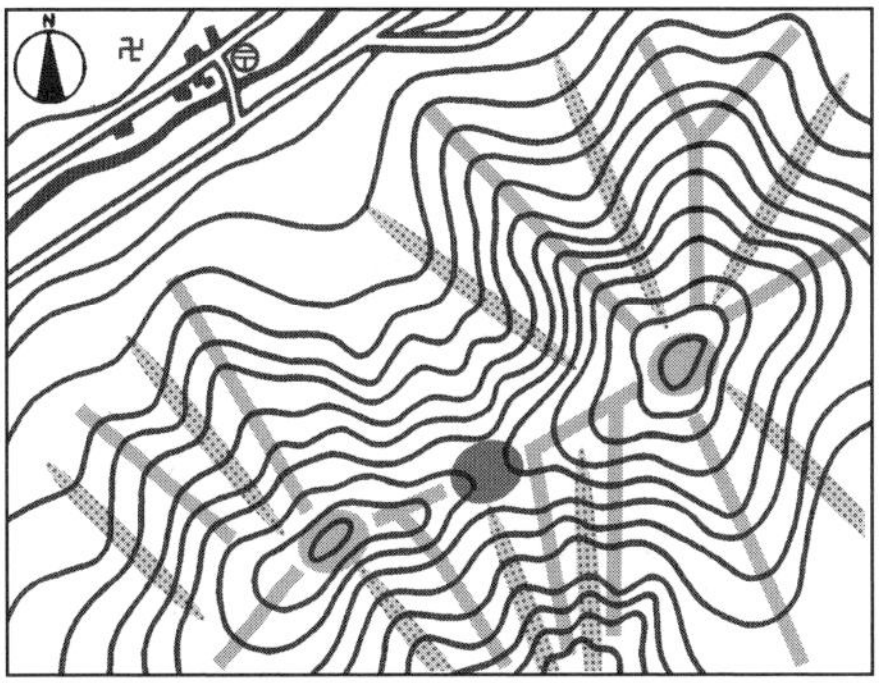

❶ **尾根（稜線）**
山地の高い部分の連なり。高所から低所へ向かう等高線の突出で示される。
[ ]

❷ **沢（谷）**
尾根に挟まれた低い部分。尾根とは逆に、低所から高所への等高線の突出で示される。
[ ]

❸ **ピーク**
山頂。閉じた等高線で示される。頂上以外にも、尾根上には複数のピークが存在する。
[ ]

❹ **コル（鞍部）**
尾根上で、ピークとピークに挟まれた凹地のこと。等高線が向かい合った状態で示される。
[ ]

❺ **建造物の地図記号**
寺院や郵便局などの人工建造物。登山道だけでなく街道も含むコースでは重要な目印になる。[卍や〒など]

【イメージしたルート】

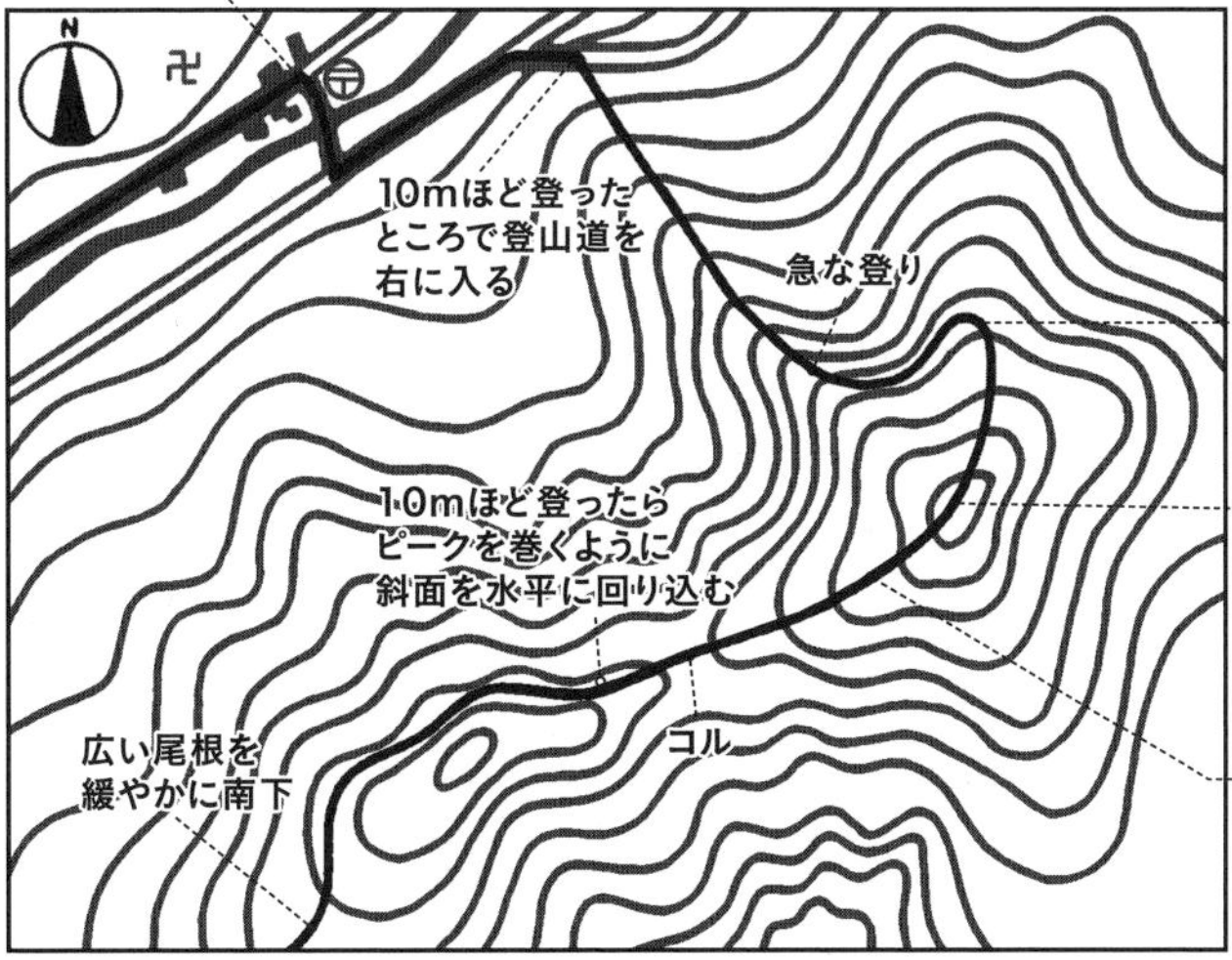
郵便局の手前の
橋を渡って東へ
10mほど登ったところで登山道を右に入る
急な登り
緩やかな
登り
広々とした
ピーク
10mほど登ったらピークを巻くように斜面を水平に回り込む
コル
尾根を
緩やかに下る
広い尾根を
緩やかに南下

2万5000分の1縮尺の場合。等高線は10mの高度間隔。

登山地図や専用マップから得た情報を加え、さらに詳細なルートをイメージする。

天気と付き合う

変わりやすい天気に合わせ早め早めに行動する

インターネットなどで確認 雨が強ければ順延もあり

山の天気は変わりやすいものだが、昔に比べると格段に把握しやすくなっている。日本気象協会のサイトや、山小屋に設置されたライブカメラの情報から、山の上の雨雲の状況を確認できる。出発前はもちろん宿泊中にも翌日の気象情報を確認し、天気とうまく付き合おう。

雨に洗われた緑を楽しむのも山の醍醐味だが、装備が濡れたり、テント泊の支障になるなど厄介なことも多い。慣れないうちはなかなか楽しめないものだ。視界が悪くなり、道に迷う確率も高くなる。雨が予想されるときは無理をせず、順延してもいいだろう。

変わりやすい原因は複雑な地形

平地から斜面を上がった風が山の上で雲を作る

平地からの湿った風が山に当たって斜面を上り、山の上で冷やされて雲ができる。山の上では地形の変化が激しく、それにともなって風の動きも複雑になる。雲ができたり消えたりして天気が不安定になる。

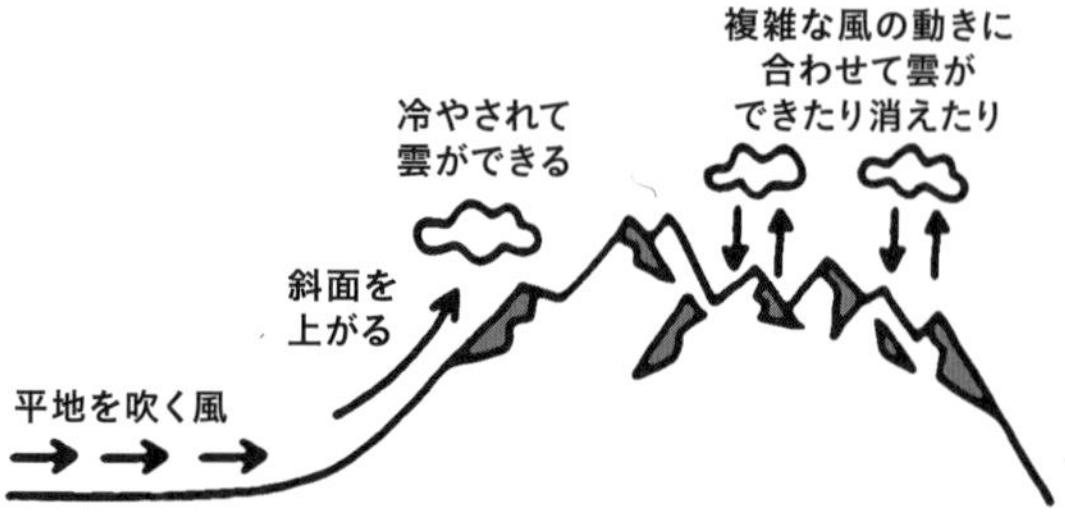

天気との付き合い方は「先手必勝」

POINT 1

入念に情報収集 状況に合わせて行動しよう

スマートフォンなどで翌日の山域の天気予報をチェック。状況次第では山歩きそのものを見送ったり、出発時間を遅らせてテントでのんびり過ごし、雨脚が弱まってから行動を開始してもいい。慣れないうちは無理せず臨機応変に対応して。

POINT 2

出発も着替えも 早め早めの行動が吉

高い山では、午後は気温が上昇して風が吹きやすく、天候の変化も激しい。朝に晴れていればなるべく早く出発し、天候が安定しているうちに距離を稼ごう。レインウェアの着用も、天気が本格的に崩れる前に早めにおこなう。

POINT 3

怖いのは雷。 雲行きが怪しければ即避難

入道雲や濃い雨雲などがあって雷の気配を感じたら、すぐに山小屋などの建物に避難する。山頂や稜線上など遮るもののない場所にいるときは、なるべく低い場所へ移動。金属系の装備を身体から離して、体勢を低くしてやりすごす。

COLUMN 03

天気の良い日に決行！

低山で雪山を体験してみよう

しっかり防寒しつつ無理のない範囲で挑戦

冬山は天気が崩れると過酷なうえ、危険をともなうこともある。初めて冬山を歩くなら、雪の少ない低山や里山を選び、晴れた穏やかな日に出かける。少しでも体力や天気に不安があれば、無理をしないことが大切だ。

ウェアは、長袖ベースレイヤー（下着）に、登山用シャツやフリースを重ね、ハードシェルやダウンを着用。里山程度の標高ならアイゼンは必要ない。

コースによっては、積雪期は立ち入り禁止になるエリアもある。事前に確認しておこう。

スケジューリング

穏やかな晴天の日をねらって決行する

冬場の荒れ模様は、他の季節より過酷。安全に楽しむためには、晴れて穏やかな日を選ぶ。コースの事務局に尋ねたり、市区町村が発信する観光情報などを参考にして、雪の状況を把握しておくと安心だ。

ウェア・ギア

重ねるウェアが増えるためこまめに体温調節を

重ねるウェアや防寒アイテムが増えることで、行動中は思った以上に汗をかく。そのうえ外気が冷たいため、休憩時には冷えやすい。脱ぎ着したりジッパーを開けたりして、こまめに体温調節をおこなおう。

新雪の上を自由に歩くことができるスノーシューも楽しい。

PART

5

海外のコースに挑戦しよう

アメリカの人気トレイルを歩く

古くからハイキング文化が盛んなアメリカ。
桁はずれの長距離と地元の人々の温かいサポートが、
多くのハイカーを魅了し続けている。
経験を積み、一度は歩いてみたい。

歴史と人に支えられてきた自然の景観を楽しむための道

歴史が長く人々の認知度も高い

アメリカには、自然の景観を楽しむハイカー専用の道「ナショナル・シーニック・トレイル」(国立景観歩道)がある。現在11のコースがあるが、なかでも長くて人気が高いのが、「トリプルクラウン」と呼ばれる三大トレイルだ(下記)。

ハイカーの多くはセクションハイクだが、なかには数ヵ月～半年かけて踏破を目指すスルーハイカーも。日本人の挑戦者も年々増えている。

誕生からの歴史が長く整備が進んでいるうえ、ハイカーをサポートするシステムも充実している。ロングトレイルを愛するハイカーなら、一度は歩いてみたい憧れの道だ。

世界中のハイカーが憧れる「トリプルクラウン」

❷パシフィック・クレスト・トレイル(PCT)
メキシコからカナダまで西海岸を縦断。海抜55mから標高約4000mのシエラネヴァダ山脈まで高度変化が大きく、砂漠地帯や高山地帯など環境の変化も激しい。

約 4200 km

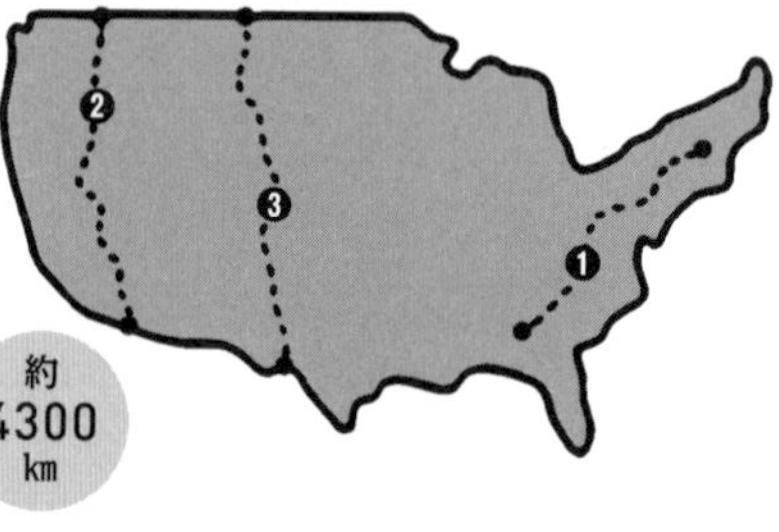

❸コンティネンタル・ディバイド・トレイル(CDT)
ロッキー山脈に沿って大陸を西と東に分断するコース。PCTと同様に環境変化が激しいうえ、道が判別しにくい箇所もあり、難易度は高い。

約 4300 km

❶アパラチアン・トレイル(AT)
北アメリカ東部のアパラチア山脈に沿うように14の州をまたぐ。雨は多いがトリプルクラウンのなかでは比較的歩きやすく、人気が高い。

約 3500 km

国と人々に支えられているアメリカのトレイル

人々の思い入れが強く ハイカーへの支援が手厚い

トレイルそのものとハイカーに対する人々の思い入れが強く、かつて踏破したハイカーや周辺住民による手厚いサポートが期待できる。宿の開放をはじめ、食事や物資の提供など(p146参照)、地域を挙げてハイカーを応援する体制が整えられている。

長くて深い歴史を持ち 整備が進められている

ATとPCTは1968年、CDTは1978年に、ナショナル・シーニック・トレイルに指定された。とくにATとPCTは歴史が長いため人々の認知度が高く、整備も進んでいる。雪の少ない最適期には、トレイル沿いの街がハイカーであふれるほどににぎわう。

(写真：河戸良佑)

自然を守るためのルールが 厳しく守られている

通過する数々の国立公園は、環境保護の観点から立ち入る人数が制限されている。そのため、国立公園内で1泊以上のキャンプをおこなうときは許可証が必要（p141参照）。公園内での過ごし方やキャンプについても、左のようなルールが設けられている。

【 ウィルダネスキャンプのルールの1例 】

- いずれの道路からも1マイル(約1.6km)以上離れてキャンプすること。
- グループの最大人数は15人以下(場合によっては8人かそれ以下)であること。また、ストックを使う際は合計25本以下とする。
- 水源やトレイルから100フィート(約30m)以上離れてキャンプサイトを設営すること、など(ヨセミテ国立公園のルールより)。

距離も難易度もワールドクラス！ 経験を積んで挑みたい

スルーハイクには数ヵ月 まずはセクションハイクで

アメリカの三大トレイルは、いずれもスルーハイクには数ヵ月を要する。休暇の取得など現実的な問題を考えると、まずは数日～数週間程度のセクションハイクがおすすめ。それだけでも十分、景観の素晴らしさや地元の人々との交流を楽しみ、アメリカのロングトレイル文化に触れることができるはずだ。

計画や準備の際には、経験者の話がもっとも参考になる。ハイカーの著作やブログをよく読み、わからないことは直接メールなどで尋ねたりして積極的に情報収集しよう。国内のロングトレイルを歩くときと同じようにしっかり下調べをし、イメージを膨らませておくことが大切だ。

歩行が長期にわたるなら、必要物資をあらかじめ送っておくと便利。郵便局留めにするほか、アウトドアショップなどでの荷物の受け取りサービスを利用する方法もある。

スルーハイクするなら ビザの取得も必要

スルーハイクに挑戦するなどで3ヵ月以上アメリカに滞在する場合は、B‐2ビザ（観光・知人訪問目的のビザ）の取得も必要になる。必要書類や証明書をすべて英文で用意し、アメリカ大使館で面接を受ける。フォーマットがないため、スルーハイク経験者のブログを参考にしたり、直接尋ねてアドバイスをもらうなどして、しっかり準備を進めよう。

\ 先輩ハイカーの声を参考に準備しよう /

STEP 1

[許可証の取得]

国立公園でのキャンプには事前に申請が必要

ウィルダネス・パーミットを予約する。「U.S.National Park」のウェブサイトから申請書をダウンロードし、必要事項を記入してファクシミリで提出。審査に通ると予約書が郵送されるため、現地で許可証と引き替える。長期歩行ならビザの取得も必要。

STEP 2

[情報収集]

歩いたハイカーの行動記を参考にプランニング

実際に歩いたハイカーの記録を、本やブログなどでチェック。スケジューリングや持ち物、行動中の注意点などを勉強しよう。アウトドア系のウェブマガジンやアウトドアブランドのウェブサイト、各トレイルのホームページ（英語）も参考にしたい。

STEP 3

[必要物資の手配]

現地の郵便局留めで送るスタイルが一般的

歩行が長期にわたる場合は、食糧などの消耗品、ウェアやシューズの替えなど、途中で必要物資を調達しなければならない。現地でその都度購入してもいいが、出発前に立ち寄る予定の街の郵便局留めで送っておくと便利だ。

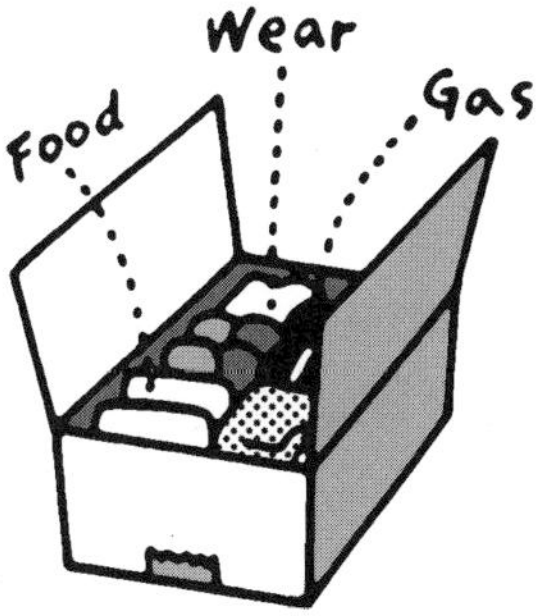

装備の基本は海外でも同じ 気候や環境変化に合わせて調整を

開放的な服装や宿泊スタイルも楽しめる

歩く際の服装や装備は、基本的には日本のコースを歩くときと同じだ。ただし、気候や道の状況の違いから、日本よりさらに開放的なスタイルを試すこともできる。

例えばパンツの丈。日本ではダニなどから脚を守るためにロングが推奨されるが、道幅が広く藪も少ないため、ショート丈を選ぶ人が多い。

また、カリフォルニアのような乾燥が激しく雨が少ないエリアであれば、シェルターを使わず星空を眺めながら眠る「カウボーイキャンプ」も楽しめる。コースをしばらく歩いて慣れてきたら、ぜひ海外ならではのスタイルに挑戦してみよう。

ベアキャニスター

食べ物や化粧品など匂いの強いものを入れ、テントから離れた場所に置く。携行が義務付けられるエリアも。

ベアボックス

キャンプサイトやトレイルの入り口に備え付けてある頑丈な鉄製フードロッカー。近くにあるときは利用して。

注意したいのはクマの被害対策が義務付けられるエリアも

アメリカでは、日本以上にクマの脅威が大きい。ヨセミテ国立公園やシエラネヴァダなどに生息するブラックベアは臆病で穏やかな性質だが、人間が携行する食べ物に惹かれて寄ってくる。備え付けのフードロッカーを使用したり、専用のキャニスターを携行し、万全の対策をとろう。

乾燥した気候でより身軽になれる

道幅が広いので、
外付けアイテムが
増えても危険度は低い。
気温が高く、藪が
少ないため、動きやすい
ショートパンツが主流。
長く歩くことを重視し、
軽いローカットシューズを
選択する人も多い。

ウェア・装備

長く快適に歩くことを求めて装備は軽めになる傾向がある

昼間は気温が高く道も開けているため、歩行中は涼しくて動きやすいショートパンツが人気。日差しが強いので、UVケアとサングラスは必須だ。長い距離を歩くうちに、不要な装備を省いて身軽になっていく人も多い。エリアによっては蚊が大量発生する。モスキートネットを持参しよう。

宿　泊

乾燥しているエリアなら屋根なしキャンプも楽しめる

季節や場所によってはほとんど雨が降らないこともあり、夜露を気にせず宿泊が楽しめる。簡易的なタープでの寝泊まりはもちろん、屋根を張らずにそのまま眠るカウボーイキャンプも可能。天候を確認してチャレンジしてみよう。エリアによっては焚火を楽しむこともできる。

現存するファイヤーリング（石組み）がある場所でのみ焚火が可能。枯れ木や落ちている木を使用する。

途中でビーチやリゾートへ？
歩き方・楽しみ方は人それぞれ

コースと街を行き来して補給や休息をおこなう

長期の歩行やスルーハイクの場合は、左ページで紹介するように定期的にコースからはずれ、街に下りて物資の調達や休息をおこなうのが一般的だ。充電器など街でしか使わないものや、現時点で不要と思われる防寒具などを次に立ち寄る街宛てに送ることで、荷物も軽量化できる。街での用事をすませたら、再びコースへ戻り、黙々と歩くというサイクルをくり返す。

１歩も歩かない休息日は「ゼロデイ」と呼ばれる。ゼロデイの過ごし方はさまざま。のんびりクラフトビールを楽しむ人もいれば、周辺を観光したり家族と合流したりして、休息期間を満喫する人もいる。ただまっしぐらにゴールを目指して急ぐのではなく、地元の街や観光スポットをゆっくり楽しむ時間を挟みながら歩く。これこそロングトレイルの醍醐味だ。

ひたすら歩く人もいれば道草を楽しむ人もいる

また、日本のロングトレイルと同じように、アメリカのロングトレイルにもさまざまな歩き方、楽しみ方がある。歩くことそのものが楽しく、ひたすら速く歩く人もいれば、歩いている途中で目に付いた山に登ってみる人や、近くのビーチに遊びに行く人もいる。余裕のあるスケジュールを組み、どんなふうに楽しむか考えるのもおもしろいだろう。

＼ 過酷なスルーハイクでも数日に一度は街へ下りる ／

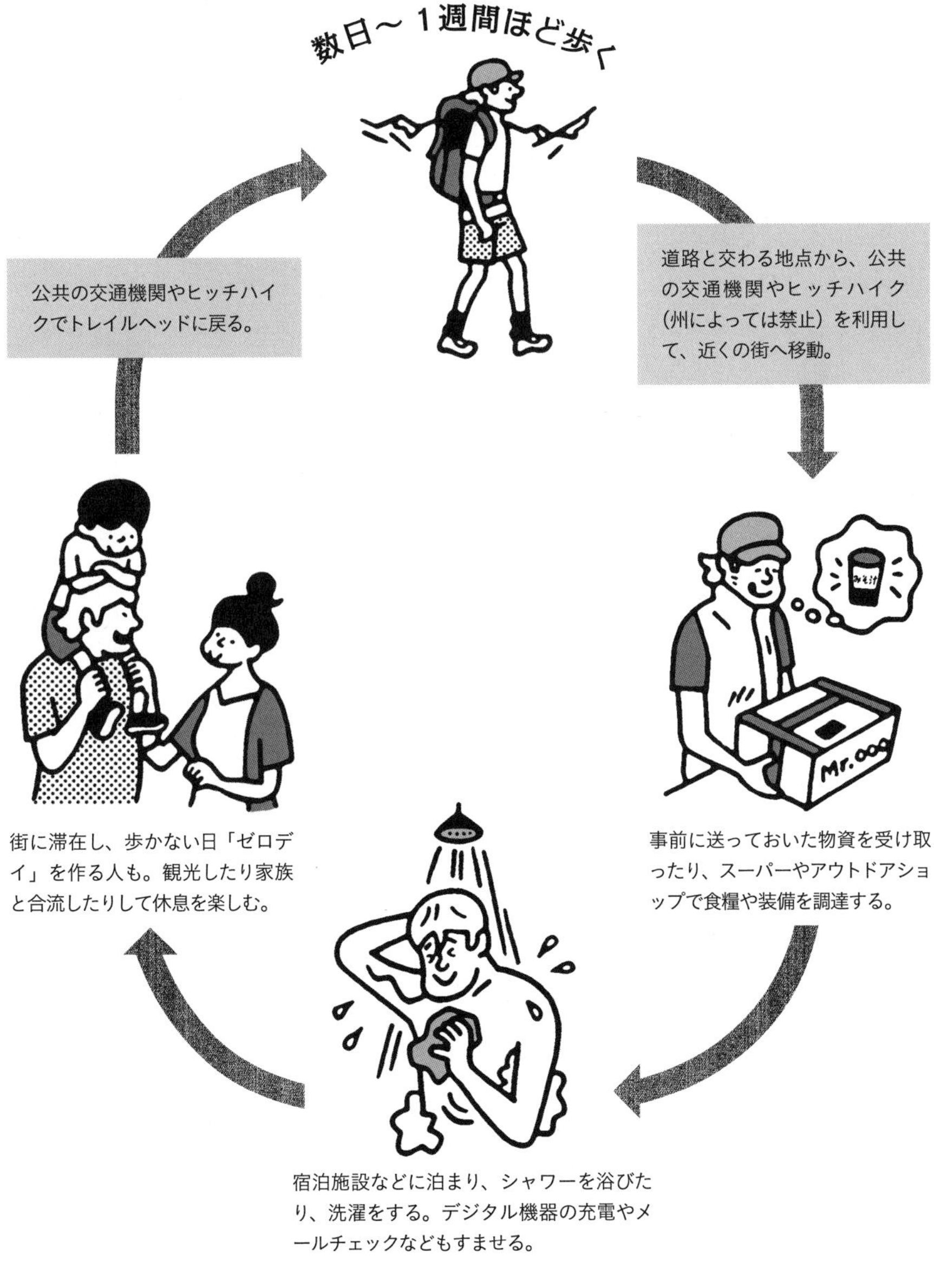
数日～１週間ほど歩く
道路と交わる地点から、公共の交通機関やヒッチハイク（州によっては禁止）を利用して、近くの街へ移動。
事前に送っておいた物資を受け取ったり、スーパーやアウトドアショップで食糧や装備を調達する。
Mr.○○○
宿泊施設などに泊まり、シャワーを浴びたり、洗濯をする。デジタル機器の充電やメールチェックなどもすませる。
街に滞在し、歩かない日「ゼロデイ」を作る人も。観光したり家族と合流したりして休息を楽しむ。
公共の交通機関やヒッチハイクでトレイルヘッドに戻る。

心強い同志やトレイルエンジェル 旅を支える人との交流も楽しい

長い道のりを支える ありがたいサポートの数々

ロングトレイルに対する認知度が高いこともあり、周辺の住民や元ハイカーを中心に、多くの「サポーター」が存在する。これは、他の国ではあまり見られない独自の文化。ありがたく利用するとともに、積極的に交流を持つと楽しいだろう。

ハイカーたちもお互い助け合う。例えば、トレイルエンジェルがいる炊き出しのテントやハイカー御用達の宿泊施設などには、「ハイカーズボックス」という箱がある。前を行くハイカーたちが、持ちすぎた食べ物や不要になった道具を入れ、後に続くハイカーに譲るというもの。困ったときは頼りになるシステムだ。

例えば23歳なので「23」、名前からそのまま「Dai」、地質学者だから「stones」など。

ハイカー仲間で呼び合う「トレイルネーム」

トレイル上でハイカーたちが呼び合うニックネームのことを、トレイルネームという。それぞれに由来があり、聞いてみるとおもしろい。人から付けてもらえる場合と、自分で付ける場合がある。長く歩くハイカーには、ひとつだけでなく複数のトレイルネームを持つ人もいる。

移動手段から宿泊まで
＼ ハイカーへのサポートが充実 ／

意外に止まってくれる
ヒッチハイク

街へ下りるときにはヒッチハイク（※）を利用することもある。シーズン中は似たようなハイカーが多く、ドライバーも心得ているため、意外に止まってくれるものだ。慣れない人や女性の場合は、他のハイカーと相乗りすると安心だ。

道中に現れる恵みの物資
トレイルボックス

道中はトレイルエンジェル（下）によるさまざまな差し入れに出くわす。よく見られるのは、クーラーボックスに入った冷たい飲み物だ。水場の少ない砂漠地帯ではとくに助けられる。ビールや食べ物が差し入れられることもある。

ハイカーを支える心強い味方
トレイルエンジェル

ハイカーを無償で支える人をトレイルエンジェルと呼ぶ。正体は、元ハイカーや地元の人々。水や食糧の差し入れから、宿泊施設として自宅の開放、シャワーの貸し出し、街からコースへの送迎まで、サポートの種類は多岐にわたる。

※州や道によっては法律で禁止されている。事前に調べておこう。

パシフィック・クレスト・トレイル半年間の旅

**半年にも及ぶスルーハイクともなると、
その道程は簡単には想像できない。
ハイカーたちは、長い道のりをどう過ごすのだろう。
旅を通して何を感じるのだろうか。
2015年4月から10月にかけて
PCTを踏破したスルーハイカーに話を聞いた。**

トレイルネーム
Sketch

河戸良佑さん

●初めてのハイキングがPCT

―まず、PCTのスルーハイクを思い立った理由をお聞きします。

河戸：20歳頃からバックパッカーで、半年くらい海外へ行っては戻る旅をくり返していました。

就職後、久しぶりのバックパッキングで海外へ行きましたが、期待していた刺激が得られなかった。そんなとき雑誌でロングトレイルの存在を知りました。必要なものだけ持って歩くバックパッキングの究極形。これなら楽しめそうだと思いました。

―それで、初のハイキングで4200kmに挑戦。不安はなかった？

河戸：あまりなかったですね。PCTの画像検索をしたら、海外で出会ったバックパッカーと似た雰囲気の人ばかりだったので、「彼らが歩けるなら僕も歩けるはず」と。

仕事を辞めて考えるうちに、周りも盛り上がってきて。そうこうしているうちに4月になり（積雪のためスタート時期が決められている）、急かされるように旅立ちました。

―準備はどうされましたか？

河戸：インターネットで情報収集（主に海外のサイト）したり、過去のPCTハイカーにメールで相談したり。PCTの公式サイトで閲覧できるスルーハイカーの持ち物や計画の記録も参考になりました。面倒だったのは、B-2ビザの取得ですね。

装備は知人から譲ってもらったり、ネットオークションで購入。ガスストーブや寝袋など、現地で買い替えたギアも多かったですね。

01.手つかずの自然が残るシエラネヴァダへと通じる峠「キアサージパス」。標高約4000m。空気が薄く、日差しが強烈だ　02.道はカリフォルニア州から始まる。モハヴェ砂漠が近く、乾燥した大地が続く

03

06

05

04

07

03.河戸さんが持参したフリスビーは、ハイカーたちに大人気。時間を忘れるほど夢中になって遊んだ　04.郵便局で作るバウンスボックス。余分な食糧や歩く際に不要なものを入れ、次に寄る街に局留めで送る　05.ハイカーが不要品を置いていくハイカーズボックス。何足かシューズを履きつぶし、ここにあったシューズで歩いたとか　06.街までヒッチハイク。他のハイカーと相乗りすることが多かった　07.トレイルエンジェルが開放する宿泊所。ハイカー同士の交流の場でもある

●つらいと思うことはなかった

—半年間歩くというと非常に過酷なイメージですが、実際は?

河戸：つらいと思ったことは一度もなかったですね。歩くときは1日平均40〜48㎞。「起きている＝歩いている」という状態が普通で、じっとしているのが面倒になるんです。好きな時間に起き、好きなだけ歩き、好きなときに寝る。何でも自分の決めた通りに実行できるわけです。

ハイカー仲間もできて、一緒にビールを飲んだり、フリスビーで遊んだり。ハイカーという共通点で通じ合えることに加え、英語が話せたこともあって楽しく過ごせました。

—大きなトラブルもなく?

河戸：ケガや病気はないけれど、ひどく痩せました。歩きながらずっとチョコレートやピーナッツバターを食べていましたが、消費カロリー（1日4000〜5000㎉）に追いつかなかったんですね。

—トレイルエンジェルによるサポートの数々も体験されたとか。

河戸：突然コロナビールの山が現れたり、道端の小屋でおじいさんが1日中チキンを焼き続けて食べさせてくれたり。おばあさんに「シャワーを浴びて行きなさい」と誘われ、シャワーから出るとコーヒーとマフィンが用意されていたこともありました。みんな、トレイルやハイカーに対する思い入れが強いんですよね。アメリカ人のハイカーも、「PCTは特殊。これがないと歩けない」と言っていました。

トレイルネーム
Lucky
トレイルエンジェル
Anderson
トレイルネーム
Snickers & Sticks

現在イラストレーターの河戸さん。歩行中も絵を描いていたので「Sketch」と名付けられた。さまざまなハイカーやトレイルエンジェルとの出会いは宝物。

08

09

08&09.ワシントン州に到達したのは初秋。雄大な山々と深まる紅葉の中を歩く　10.カスケード山脈最高峰のレーニア山（標高4392m）を望む　11.乾燥したカリフォルニアでは、ほとんどカウボーイキャンプ（p142参照）で過ごすことができた　12.PCT沿いにはクラフトビールで有名な街が点在。バーの営業時間内に街に着くために、みんなで山道を走ったことも　13.ゴール直前。名残惜しさから「もう一晩語り合おう」と話していたら、翌朝雪に。慌ててゴールに駆け込んだ

旅の中に何を求めるか

―河戸さんが出会ったハイカーは、ユニークな人が多かったとか。

河戸：「料理がしたい」と大きなガスボンベやフライパンを担ぐ人もいれば、スピーカーやギターを持ち歩く人も。仲良しのLucky君は、1人なのに巨大なテントを持っていて「これくらい大きくないと女の子を呼べないから」って。

―みんな目的があるということ？

河戸：そうですね。軽い荷物で速く歩きたければ違った生活になるし、Lucky君のように女の子と付き合いたければ出会いを求める旅になる。どんな旅にしたいかで、持ち物も食事も歩くスピードも違う。僕が語るのは「僕のトレイル」でしかな

11

12

13

10

く、100人いれば100通りのトレイルがあるんです。自分が求めているものや望むものが、よりクリアになる感覚がありました。

―旅の終わりを迎える気持ちは？達成感や感慨深いものがあった？

河戸：ワシントン州に入ったとき、「ゴールすることに意味があるのか？」という気持ちになって。終わりたくなくてゆっくり歩きました。

僕はたまたま歩ききりましたが、踏破に特別な意味はないと思うんです。それより、トレイル上でどれだけ楽しい時間を過ごしたかが大切。たくさんの人に、数日でもいいから歩いてみてほしいですね。

COLUMN 04

「歩く旅」の形はさまざま

ヨーロッパで人気の小路と街道

長い歴史のある道を観光ついでに歩くのも一興

北欧からイスラエル、韓国、ニュージーランドまで、世界には多種多様なロングトレイルが存在する。ここで紹介するイギリスの「パブリック・フットパス」と、フランス・スペインの「サンティアゴ・デ・コンポステーラの巡礼路」も、ユニークなロングトレイルとして名高い。

どちらも歴史が深く、多くの人々が歩いてきた道。とくにフットパスは気軽に歩ける道が多く、旅行会社によるツアーも組まれている。観光ついでに、散歩感覚で歩くのも楽しそうだ。

フランス・スペイン

サンティアゴ・デ・コンポステーラの巡礼路

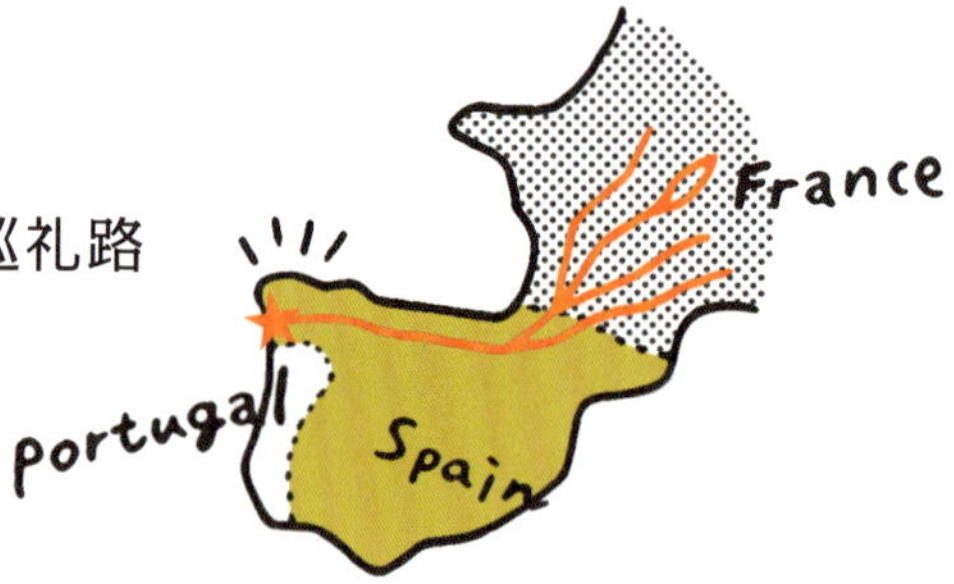

キリスト教の三大巡礼地のひとつである「サンティアゴ・デ・コンポステーラ」を目指し、フランスからピレネー山脈を越え、スペイン北部を約800km横断する道。1000年以上の歴史があり、年間約10万人もの人々が歩く。巡礼者のために、道沿いに無料の宿泊施設が整備されているところもある。

イギリス

パブリック・フットパス

「歩くことを楽しむための道」として、歩行者に通行権が保障されている公共の散歩道。イギリス国内に網の目のように張り巡らされ、農村地域では昔から、目的地までの交通経路や行楽用の道として歩かれてきた。自然の中だけでなく、農場や民家の庭先など、私有地の敷地内を通れるのが特徴だ。

巻末付録

日本全国
おすすめコース
ガイド18

欧米のロングトレイル文化に続くべく、
日本でもコースの整備が進められている。
本格的な山岳エリアから、城下町を歩くものまで
魅力あふれる18のコースを紹介。

北海道から九州まで
続々と整備が進む

18のロング
トレイルコース

日本古来の文化や豊かな植生に
触れられるコースの数々には、
国内外から多くのハイカーが訪れる。
大牧場地帯を通るコースから、
日本百名山中50座以上を望むコース、
神仏習合発祥の地を歩くコースまで。
バラエティに富む18のコースで、
日本を歩き尽くしたい。

❶ 北根室ランチウェイ

P158

❷ とかちロングトレイルクラシック

P159

❸ 奥津軽トレイル

P160

❹ 信越トレイル

P161

❺ 浅間ロングトレイル

P162

コースを楽しむ3つのポイント

A

コースは、登山道やハイキング道などの山岳エリアを通ることが多い。通常の登山用やハイキング用の装備で臨むこと。車道では自動車の通行にも十分注意を。

B

コースは変更されている場合もある。各コースの状況などの最新情報は、出発前にそれぞれのトレイル事務局などに確認しよう。

C

コースは誰でも自由に歩けるが、各コースで開催されているツアーを利用したり、ガイドを頼むのもおもしろい。各トレイル事務局などに問い合わせてみよう。

6 浅間・八ヶ岳パノラマトレイル

P163

7 八ヶ岳山麓スーパートレイル

P164

8 塩の道トレイル

P165

9 霧ケ峰・美ヶ原中央分水嶺トレイル

P166

10 金沢トレイル

P167

11 中央分水嶺高島トレイル

P168

12 山陰海岸ジオパークトレイル

P169

13 国東半島峯道ロングトレイル

P170

14 南房総ロングトレイル

P171

15 南アルプスフロントトレイル

P172

16 美ヶ原高原ロングトレイル

P173

17 白山白川郷トレイル

P174

18 広島湾岸トレイル

P175

1

根釧台地の酪農家の庭先を歩く

北根室ランチウェイ

所在 ● 北海道
全長 ● 71.4km（全開通）
高低差 ● 最大約730m
スルーハイク日数 ● 2泊3日

草を食む牛を横目に見つつ歩く（写真／藤巻翔）

日本らしからぬ絶景に触れ広大な牧場地帯を歩く旅

中標津《なかしべつ》市街地をスタートし、北根室の広大な牧場地帯を通過。西別岳の稜線沿いに根釧台地を眺めつつ、摩周湖の外輪山をほぼ半周して弟子《てし》屈《かが》町JR美留和《びるわ》駅まで続く。

丘陵地帯を一望する観光名所「開陽台」や、独特の山容で見る人を惹きつける「モアン山」など、日本らしからぬ絶景を楽しむ6つのステージで構成される。そのうち4つは、酪農家の敷地内を通過。サイロや牛舎の脇を通り、酪農家の暮らしを身近に感じつつ歩くルートは新鮮だ。

宿泊は、養老牛《ようろううし》温泉などにある宿泊施設のほか、牛舎や牧草運搬車を改装したレンタルハウスやトレーラーハウスを利用する方法もある。

涼しさが増す9～10月は虫も少なく紅葉も楽しめるのでおすすめだ。

モアン山は育成牧場。6～10月は立ち入り禁止（上）／ツアー参加も楽しい（下）

セクションハイクのおすすめコース

1泊2日

DAY 1
摩周湖を堪能する「美留和駅～西別岳山小屋」。宿泊は送迎サービスで養老牛温泉へ。17.5km／6～7時間

DAY 2
主に牧場地帯を歩く「開陽台～レストラン牧舎」。酪農家の生活を感じる要素が満載。10.1km／約4時間

問い合わせ先
北根室ランチウェイ事務所
TEL ■ 0153-73-7107　E-mail ■ manmoda@sea.plala.or.jp
公式サイト ■ http://www.kiraway.net

2

景勝地を踏みつつ食を楽しむ

とかちロング トレイルクラシック

所在 ● 北海道　全長 ● 100㎞（一部未開通）
高低差 ● 最大500m　スルーハイク日数 ● 3泊4日

まっすぐに延びる士幌から鹿追の直線道路

日本の「食糧基地」十勝の自然と食を満喫する

大雪山系と日高山脈の麓に広がる農村地帯100㎞を歩く道。一部に登山初級程度の山道を含む以外は、牧場や畑作地帯を通る道、森林浴が楽しめる遊歩道など、比較的なだらかなコース設定になっている。然別湖《しかりべつこ》や白雲山などの景勝地を数多く通るうえ、農家直営のファームレストランが点在。自然と食を両方堪能できる。採れたての農産物を楽しめる収穫の秋が最適期だ。

また、近代化産業遺産に指定された「旧狩勝線跡地」が遊歩道として整備され、鉄道好きの心をくすぐるスポットも多い。

歩く旅の道中に、アウトドア施設が主催するラフティング体験や、乗馬、農業体験などのオプションを組み合わせても楽しいだろう。

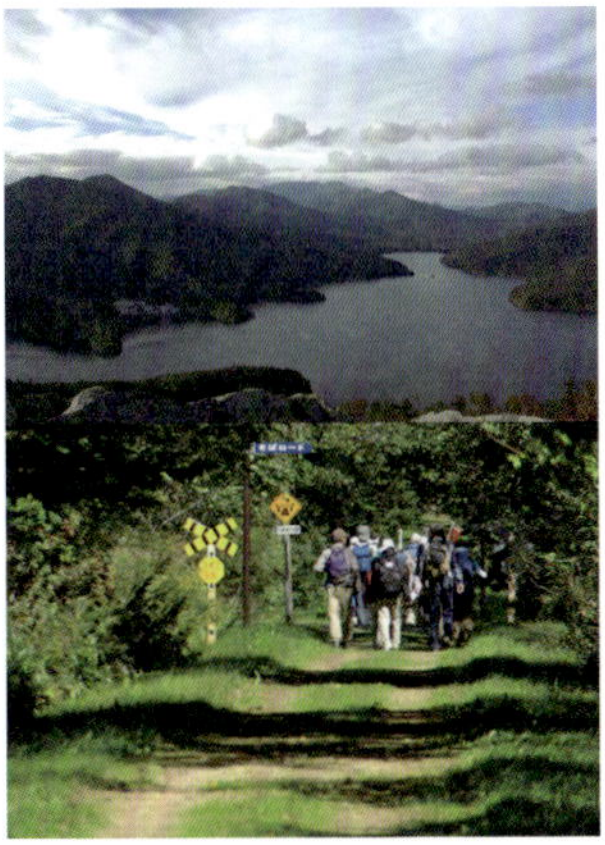

白雲山山頂から然別湖を見下ろす（上）／
鉄道跡地の遊歩道「ぽっぽの道」（下）

セクションハイクのおすすめコース　1泊2日

DAY 1
然別湖畔～白雲山登山～士幌高原のネイチャーリゾート「ヌプカの里」泊
約12㎞／約4時間

DAY 2
「ヌプカの里」～「鹿追ライディングパーク」で乗馬体験～「カントリーパパ」
約28㎞／約5時間半

問い合わせ先
NPOコミュニティシンクタンクあうるず
TEL ■ 0155-67-6305　E-mail ■ npo_ctt_owls@netbeet.ne.jp
公式サイト ■ http://www.t-owls.org/TLTC

3

本州最果てで太宰のルーツに触れる

奥津軽トレイル

大倉岳山頂より津軽海峡と陸奥湾を望む大パノラマ

所在● 青森県
全長● 117km（全開通）
高低差● 最大670m

奥深い「ひば」の美林と趣ある鉄道跡を巡る

日本三大美林のひとつ「青森ひば」と、国内初の森林鉄道「津軽森林鉄道軌道跡」を歩く本州最果てのロングトレイル。スニーカーで歩ける「山伏の荒行場コース」（3km）から、登り応え満点の「大倉岳登頂コース」（21・9km）まで、さまざまな難易度と自然環境を持つ8コースで構成される。太宰治生誕の地の金木町では、小説の舞台となった藤の滝を通る「太宰治ゆかりの地コース」も人気。各々のコースには物語があり、コース選びから楽しめる。

奥津軽の歴史や自然を満喫するには、ガイド付きで歩くのがおすすめ。事務局に問い合わせると、研修を積んだ地元のガイドを紹介してもらえる。月に一度開催される定期ツアーから参加するのもいい。

眺望山で出合える「オドリヒバ」（上）／みちのく松陰道にて。風情ある木橋跡（下）

セクションハイクのおすすめコース

1泊2日

DAY 1
五所川原市金木町で食事・散策を楽しんだ後、「山伏の荒行場コース」
3.2km／1時間半

DAY 2
レンタカーで小泊へ。「みちのく松陰道コース」（青岩〜三厩村）
14.7km／5時間半

問い合わせ先
NPO法人かなぎ元気倶楽部　奥津軽トレイル倶楽部事務局
TEL ■ 0173-54-1616　E-mail ■ okutsugaru-trail@kanagi-gc.net
公式サイト ■ http://www.kanagi-gc.net/okutsugaru_trail

4

信州と越後をまたぐ歴史ある山脈

信越トレイル

所在●長野県・新潟県
全長●80km（全開通）
高低差●最大471m
スルーハイク日数●4泊5日

大明神岳から美しい野尻湖を見下ろす

里山の深い森を縫い歩く（上）／北の基点・天水山周辺のブナ林の美しさは必見（下）

世界有数の豪雪がもたらす美しいブナの森を歩く

長野・新潟の県境に位置する関田山脈（標高1000m前後）のほぼ尾根上に延びる。信州と越後を結ぶ交通交易の要衝として16もの峠道が存在する。日本を代表するバックパッカーである故・加藤則芳氏が構想したトレイルであり、ハイカーからの人気が高い。

麓で暮らす人々とともに生きてきた多様な動植物が見所。山歩きが中心のため、登山の装備と心構えで臨みたい。全テント泊でのスルーハイクができるほか、麓の加盟宿（登山口までの無料送迎サービスあり）を利用したセクションハイクで、温泉や郷土料理と合わせて楽しむのもおすすめだ。

最適期は6月中旬～10月下旬。新緑や紅葉の時期はとくに賑わう。

セクションハイクのおすすめコース　1泊2日

DAY 1
斑尾山に登頂する「斑尾山～赤池」（飯山駅からバスで登山口へ）斑尾高原泊
アプローチ含む10.4km／約7時間

DAY 2
湿原を歩く道や農道を含む「赤池～涌井」（飯山駅までタクシー）10.7km／約6時間

問い合わせ先
NPO法人信越トレイルクラブ
TEL■0269-69-2888　E-mail■office@s-trail.net
公式サイト■http://www.s-trail.net

5

浅間山のさまざまな顔を堪能

浅間ロングトレイル

所在● 長野県・群馬県
全長● 80km（全開通）
高低差● 最大約1400m
スルーハイク日数● 6泊7日

季節ごとの浅間山の変貌を楽しみたい

浅間山を取り巻く6エリア アップダウンは多め

日本有数の活火山である浅間山を中心に、6つのエリアにある登山道や遊歩道、林道、一般道をつなげて一周できるように設定。さまざまな方面から浅間山の景観が楽しめる（11～5月は、高峰から嬬恋《つまごい》へ抜ける林道が通行止めになるので注意）。

浅間・高峰エリア周辺の道は、林道や舗装された山道で構成され、登山気分を味わえる。高峰高原から嬬恋エリアへと続く林道を抜けて温泉施設を目指したり、高峰高原の宿泊施設で1泊して周辺を散策し、高山植物や紅葉など、自然の美しさを楽しむのも一興だ。

小諸・東御《とうみ》エリアの北国街道や嬬恋村の真田街道など、歴史深い街道を巡り、古い建物や寺社仏閣が並ぶ街並みを堪能するのもいいだろう。

気軽に臨める街道歩きも楽しい（上）／
小諸駅近くでアクセスしやすい布引観音（下）

セクションハイクのおすすめコース

1泊2日

DAY 1

「縄文ミュージアム」など歴史を学べる施設を巡る「御代田エリア～小諸エリア」　約10km／約3時間

DAY 2

チェリーパークラインで山歩き気分を味わう「小諸エリア～浅間・高峰エリア」　約20km／約4時間

問い合わせ先

NPO法人浅間山麓国際自然学校
TEL■0267-23-3124　E-mail■npo-asama@mopera.net
公式サイト■なし

6

懐かしい田園風景を歩く

浅間・八ヶ岳 パノラマトレイル

所在●長野県　全長●116.8㎞（一部開通）
高低差●最大約1500m　スルーハイク日数●5泊6日

どこか懐かしい田園風景を堪能しながら歩く

雄大な峰々を背景に 里山の歴史と文化を楽しむ

小諸市にある安藤百福記念自然体験活動指導者養成センター（安藤百福センター）を起点に、里山の豊かな自然と歴史を楽しめる4コースと、未開通の約94㎞の道からなる。開通済みは、布引観音コース（5㎞）、蓼科・八ヶ岳展望コース（4・5㎞）、浅間・森林浴コース（4㎞）、御牧《みまき》ヶ《が》原《はら》コース（9・3㎞）。未開通は、千曲川コース（約16㎞）、軽井沢コース（約38㎞）、蓼科コース（約40㎞）。開通済みの4コースでは、雄大な浅間連峰や八ヶ岳連峰を背景に、田畑や雑木林、ため池など、のどかな田園風景が楽しめる。散策に最適な1時間程度のコースから、大パノラマを誇る半日がかりのコースまで、長短も景色もさまざま。好みに合わせて選ぼう。

青々とした稲田の間を道が続く（上）／雪化粧した浅間連峰が眼前に迫る（下）

セクションハイクのおすすめコース

1泊2日

DAY 1
風穴（氷集落）や千曲川、布引観音など、見どころの多い「布引観音コース」
5㎞／1時間半

DAY 2
八ヶ岳連峰から北アルプス、浅間連峰まで。さまざまな展望が楽しめる「御牧ヶ原コース」　9.3㎞／2時間半

問い合わせ先

安藤百福記念 自然体験活動指導者養成センター
TEL■0267-24-0825　E-mail■info@momofukucenter.jp
公式サイト■http://www.momofukucenter.jp

7

八ヶ岳を一周するロングコース

八ヶ岳山麓スーパートレイル

所在 ● 長野県・山梨県　全長 ● 約200～240㎞（一部未開通）
高低差 ● 最大471m　スルーハイク日数 ● 2週間～18日

エリア09では八ヶ岳を望むのに最適な飯盛山へ登頂

八ヶ岳を常に望みつつ麓の自然と文化に親しむ

八ヶ岳を取り囲むように標高約1500mのラインに設定された、240㎞にも及ぶロングコース。コースは16のエリアに分けられている。野辺山100㎞マラソンコースの一部に挑む「野辺山～南八ヶ岳林道～松原湖高原」（約38㎞）から、舗装道路とハイキングコースで構成される「蓼科湖～諏訪鉄山跡～尖《とがり》石《いし》縄文考古館エリア」（約9㎞）まで、多種多様。エリアごとに特徴的な植生をはじめ、温泉や歴史館といった土地の文化にも触れられる。

セクションハイクなら16のうち2～3エリアを選ぼう。エリアごとに開花時期が異なるため、事前に下調べを。とくに春の霧ヶ峰や車山には、レンゲツツジやニッコウキスゲを目当てに大勢のハイカーが訪れる。

八ヶ岳中央農業実践大学校。直売所が人気（上）／霧ヶ峰最高峰の車山を目指す（下）

セクションハイクのおすすめコース

1泊2日

DAY 1

ツバクラ岩や天の河原など見所満載。登山道も含む「観音平～天女山」（エリア07）約12㎞／6時間半

DAY 2

八ヶ岳牧場、清里高原を散策して清里駅へと向かう「天女山～美し森～清里駅」（エリア08）約9㎞／3時間半

問い合わせ先

NPO法人八ヶ岳スーパートレイルクラブ（茅野商工会議所内）
TEL ■ 0266-72-2800　E-mail ■ Info@ystrail.jp
公式サイト ■ http://www.ystrail.jp

8

塩の運搬に使われた古の街道をたどる

塩の道トレイル

所在● 長野県・新潟県
全長● 120km（全開通）
高低差● 最大860m
スルーハイク日数● 5泊6日

コース上からは北アルプスが望める

駅を起点終点としたアクセスしやすい11行程

新潟県糸魚市から長野県松本市まで、8市町村にまたがる。古い街道ならではの史跡や石仏、資料館もあり、歴史に触れる旅を楽しめる。JR大糸線の沿線駅を起点終点とする11行程（1行程10〜15km）のセクションハイク向けコースが設定され、初心者も歩きやすい。

コースは、山岳エリア（糸魚川〜小谷）、里山エリア（白馬〜大町・池田）、市街地エリア（安曇野〜松本）の3つに分けられる。山岳エリアはクマ出没地帯なので要注意だ。

最適期は秋（9〜11月下旬）と春（4〜6月／残雪エリアを除く）。標高は低いが豪雪地帯。12〜5月下旬はとくに大網峠付近に雪が残る。雪解け後は倒木などで道の状態が悪くなる。足元に注意したい。

史跡の多い千国越えは石畳も残る（上）／湖面に百名山を映す大網峠越えの白池（下）

セクションハイクのおすすめコース

1泊2日

DAY 1
信越国境を越える大網峠越えコース（根知〜大網峠〜平岩）14.5km／約6時間半

DAY 2
北アルプスの眺望と仁科三湖を楽しむ湖畔コース（信濃大町〜仁科三湖〜南神城）21.5km／約6時間

問い合わせ先
塩の道トレイル事務局
TEL■0261-82-2888　E-mail■otari@valley.ne.jp
公式サイト■http://sionomichi-trail.com

9

歴史ある大門峠から始まるBコース

牧場から高原まで気軽にトレッキング

霧ヶ峰・美ヶ原 中央分水嶺トレイル

所在●長野県　全長●38km（全開通）
高低差●最大600m　スルーハイク日数●2泊3日

信州の秀峰を見渡す 絶景続きの稜線を歩く

中信高原の中央分水嶺の峰（標高1400～2000m）を縦断する、草原と山岳を歩くコース。長和町の長門牧場を起点とし、蓼科山の麓の女神湖や白樺湖、霧ヶ峰、和田峠を経て、終点の美ヶ原高原を目指す。八ヶ岳連峰から南・中央・北アルプスまで、信州の秀峰を東西南北に見渡す眺めの良い稜線歩きが特徴。なかでも広々とした笹の草原と絶景が楽しめる三峰山はファンが多い。

のんびり森林浴できる「長門牧場～大門峠」（Aコース）から、夢の遊歩道と呼ばれる平坦な道を含む「扉峠～美ヶ原高原」（Eコース）まで、5つのセクションハイク向けコースが設定されている。エリアごとの踏破記念バッジや温泉券が付いたガイドツアーも人気だ。

Aコースでは女神湖に通じる散策路歩きも（上）／初夏にはレンゲツツジが美しい（下）

セクションハイクのおすすめコース

1泊2日

DAY 1
少々登り応えのある急坂を含む「八島湿原～和田峠古峠」（Cコース）
9.5km／約4時間

DAY 2
絶景ポイントの三峰山へ登頂する「和田峠古峠～扉峠」（Dコース）
8.7km／約4時間半

問い合わせ先
信州・長和町観光協会　トレイル運営部会
TEL■0268-68-0006　E-mail■Info@nagawa.Info
公式サイト■http://www.C-trail.com

10

城下町の風情と里山歩きを楽しむ

金沢トレイル

所在 ● 石川県
全長 ● 70㎞（一部開通、標柱・案内板なし）
高低差 ● 最大900m
スルーハイク日数 ● 4泊5日

金沢トレイルの起点「金沢城」からスタート！

金沢の歴史に思いを馳せ 緑豊かな里山へ足を延ばす

金沢城から富山県との県境「医王《いおう》山《ぜん》」を通り、獅子《しし》吼《く》高原までの金沢の文化と里山を堪能するコース。

金沢城から卯《う》辰《たつ》山《やま》には、伝統的建造物群保存地区の主計町茶屋街・ひがし茶屋街、癒やしの道ともいわれる卯辰山寺院群がある。角間町では金沢大学敷地内を通り、医王山の夕霧峠では砺《と》波《なみ》平野を見渡すコースきっての眺望が楽しめる。高尾山、吉次山ではブナ林も点在し、緑豊かな里山を満喫できる。金沢城から熊走町は、体験イベントで歩行可能。熊走町から獅子吼高原は、歩行できるが未開通。全体を通してアップダウンは比較的少ない。

２０１７年度、標柱や案内板等の設置を予定。現在、２０１８年４月の開通を目指して整備中。

紅葉が美しいブナ林を歩く

セクションハイクのおすすめコース　1泊2日

DAY 1
金沢の文化と歴史に触れる「金沢城～医王の里」医王の里オートキャンプ場泊　約15㎞／約7時間

DAY 2
里山歩きを堪能する「医王の里～湯涌温泉」
約15㎞／約7時間

問い合わせ先
金沢トレイル連携協議会（事務局：特定非営利活動法人角間里山みらい）
TEL ■ 076-256-5338　E-mail ■ npo@satoyamamirai.jp
公式サイト ■ http://kanazawa-trail.asia

標高は低いが奥深い山々。登山の基礎知識は必須

左右に琵琶湖と若狭湾を望む

中央分水嶺 高島トレイル

所在● 滋賀県・福井県　全長● 80㎞（全開通）
高低差● 最大600m　スルーハイク日数● 4泊5日

中央分水嶺12の名山を北から南へとたどる

中央分水嶺を縦断するマキノの愛発越《あらちごえ》から朽木の三国岳《さんごくだけ》まで。乗鞍岳や赤坂山、武奈ヶ嶽《ぶながだけ》などの12の名山を越える本格山岳コース。標高は低いものの地形が複雑でアップダウンが多く、歩き応えがある。

最適期は4～5月と10～11月。琵琶湖水源の植生豊かな森を通り、四季折々の自然が楽しめる。

スルーハイクするには全テント泊（コース上にテント場はなく、コース脇の平地や林道脇の駐車スペースを利用）となる。限られた水の補給ポイントを上手に活用しながらの踏破は感動も大きい。一方、セクションハイクをするなら、全行程を9つに区切った「9分割プラン」から、好きなエリアを選ぶ。ツアーやガイドを利用するのもおすすめだ。

厳冬期は積雪量が多い。入山には経験が必要だ（上）／ブナの美林に癒やされる（下）

セクションハイクのおすすめコース

1泊2日

DAY 1
「粟柄越～大御影山」ブナ林を通るコース脇にてテント泊
約9.5㎞／約5時間

DAY 2
「大御影山～三重嶽～武奈ヶ嶽～赤岩山西峰」
約8.9㎞／約5時間半

問い合わせ先
NPO法人高島トレイルクラブ
TEL ■ 0740-22-6959　E-mail ■ central-divide@takashima-trail.jp
公式サイト ■ http://www.takashima-trail.jp

12

日本海沿岸の自然と文化に親しむ

山陰海岸ジオパークトレイル

所在●鳥取県　全長●40.7㎞（全開通）
高低差●最大260m　スルーハイク日数●1泊2日

日本海の荒波に削られた海岸を眺めながら歩く

景観の素晴らしさと漁村の営みに触れる

鳥取市から岩美町にかけて、日本海沿岸を歩く。日本最大級の砂丘である鳥取砂丘や、海食地形が美しい浦富海岸など、贅沢な景観が楽しめる。日本海に育まれた漁村の風景や文化に触れられるのも魅力だ。

JR東浜駅からJR鳥取駅までをつなぐコースは、7行程（1行程4～9㎞）に分けられる。舗装道路を歩き漁村の営みを感じるコース、鳥取砂丘を歩くコース、久松山に入るアップダウンのあるコースなど多種多様。どのコースも比較的短いので、体力に合わせて複数の行程をつなぎ、歩き比べるのもおもしろい。

山道ではクマが出没することもあるので注意しよう。また、降雨時は海岸沿いの道が滑りやすくなる。足元に気をつけたい。

鳥取砂丘「馬の背」の眺めは圧巻（上）／火成岩による優美な海岸線を望む（下）

セクションハイクのおすすめコース

1泊2日

DAY 1

鳥取砂丘を目指す海岸ルート（城原海岸～大谷海岸～鳥取砂丘）
14.7㎞／約4時間半

DAY 2

山道を登り鳥取の街並みを見下ろす久松山ルート（多鯰ヶ池《たねがいけ》～摩尼寺《まにじ》～久松山）17.3㎞／約5時間

問い合わせ先

山陰海岸ジオパークトレイル協議会（事務局：一般社団法人鳥取市観光コンベンション協会内）
TEL■0857-26-0756　E-mail■info@sanin-geotrail.net
公式サイト■http://sanin-geotrail.net

大不動岩屋から眺める荒々しい岩峰は圧巻

「み仏の里」で日本人の魂に触れる

国東半島峯道ロングトレイル

所在●大分県　全長●131.1㎞（全開通）
高低差●最大700m　スルーハイク日数●9泊10日

僧侶が巡った修行道を10行程のコースで歩く

古代より国東《くにさき》の六郷満山寺院の僧侶たちが巡った「峯入行」のコースをベースに、林道や登山道を歩く。10行程（1行程11～16㎞）のセクションハイク向けコースが設定され、初心者でも歩きやすい。

宇佐・国東半島は神仏習合発祥の地とされ、コースの至る所で歴史ある寺院や石造文化財に出合うことができる。また、世界農業遺産である狭間新池など、日本の原風景を楽しめる。

標高が低く温暖な気候のため、1年を通して歩行可能。秋には色鮮やかな紅葉を楽しめるポイントもある。ただし、国東半島の山道は、スズメバチやマムシの生息地域でもある。イノシシが出没することもあるため、注意して歩きたい。

長い石段を登って三十仏を参拝（上）／
六郷満山文化を感じる史跡を巡る（下）

セクションハイクのおすすめコース

1泊2日

DAY 1
日本の伝統農林業に触れる世界農業遺産コース（行入《ぎょうにゅう》ダム公園～狭間新池～報恩寺公園）10.9㎞／約6時間

DAY 2
国東半島の全体を見渡す両子寺《ふたごじ》コース（梅園の里～両子山山頂～両子寺）13.5㎞／約7時間

問い合わせ先

国東半島峯道トレイルクラブ
TEL■080-5608-1099（事務局：高橋）　E-mail■info@kunisakihantou-trail.com
公式サイト■http://www.kunisakihantou-trail.com

14

潮風に吹かれ里山・里海を体感

南房総 ロングトレイル

所在 ● 千葉県　全長 ● 65km（全開通）
高低差 ● 最大約300m　スルーハイク日数 ● 5泊6日

東京湾や太平洋からの潮風を感じる

温暖な花の半島を歩く ツアー参加型のコース

房総半島ならではの海を望める道を、南房総地域の里山・里海や歴史、自然に触れつつゆったりと歩く穏やかなコース（現在はコース表示や案内板等が未整備のため、ガイドをともなったイベントでの利用に限られている）。

コース上からは、天気が良ければ東京湾の向こうに富士山や伊豆諸島などを見渡せるスポットもあり、山と海両方の展望を楽しめる。

標高が低いため積雪もなく、1年を通してラクに歩くことができる。また、市街地に近い里山を通るため、初心者もチャレンジしやすい。

最適期は、秋から春（11～3月）。温暖な気候を活かした花の栽培が盛んな時期で、コース沿いに広がる花畑の美しさを堪能できる。

半島に連なる山々を見渡す（上）／一面の菜の花畑に囲まれて歩く（下）

セクションハイクのおすすめコース　1泊2日

DAY 1
古い石仏などが残る、文化や歴史に触れる古道コース（JR九重駅～小松寺）
約15km／約6時間

DAY 2
千葉県最南端「野島崎」を目指す海岸コース（畑集落～野島崎）　約10km／約5時間

問い合わせ先
南房総市大房岬自然の家
TEL ■ 0470-33-4561　E-mail ■ event@chiba-ns.net
公式サイト ■ http://taibusa.jp

15

東西に富士山と南アルプスを望む

南アルプス フロントトレイル

コース上から南アルプス主稜の山々を見渡す

所在●山梨県　全長●70㎞（一部開通）
高低差●最大約1500m　スルーハイク日数●未定

各所の峠を越えていく アップダウンの多いコース

大昔に洪水などの災害を操った神を祀ったとされる夜叉神峠《やしゃじんとうげ》から、山岳信仰の対象とされてきた七面山を経て、貫ヶ岳までを尾根伝いに歩くコース。全開通すれば、山梨県南アルプス市から南部町まで、5市町を縦断することになる。

各所の峠を越えるため、アップダウンが多い。コース上からは、東に富士山、西に白根三山をはじめとする南アルプスの山々を眺めることができる。眺望を期待するなら、木々の葉が落ちる秋がベスト。イノシシやクマなどの野生動物が多く生息する地域でもあるので、注意しよう。

現在、コースは一部開通となっている。未整備のルートや通行止め区域もあるので、ガイドを付けて歩くのがおすすめだ。

秋。色づく山々の奥には雪化粧した高峰も（上）／神々しい御殿山に見とれる（下）

セクションハイクのおすすめコース

1日

DAY 1

現在はセクション2（池の茶屋峠～足馴峠～倉尾山～十谷峠）のみ開通。歩行には丸1日を要するため、下山時の車の手配が必要。
往復する場合は倉尾山で折り返そう。

問い合わせ先

南アルプスガイドクラブ
TEL■080-6653-5418　E-mail■magc3193@gmail.com
公式サイト■http://magc.jp

16

日本百名山50座以上の大展望

美ヶ原高原ロングトレイル

所在 ● 長野県　全長 ● 45㎞（全開通）
高低差 ● 最大1200m　スルーハイク日数 ● 2泊3日

美ヶ原高原から北アルプス穂高連峰を望む

平坦で短い道に分けられ初心者も安心して楽しめる

松本市四賀地区金山町を起点に、戸《と》谷《や》峰《みね》、武《たけ》石《し》峰《みね》を通り、美ヶ原高原を目指す。コース上からは、北・南アルプス、八ヶ岳連峰、富士山までを一望。比較的平坦な道が多く、山歩き初心者でも安心して楽しめる。平均5㎞程度のコースに分けられ、サブルートも設定されているため、体力と目的に合わせて選ぶといい。

美ヶ原高原頂上からの360度の眺望は必見。高原の美術館や牧場を訪れ、のんびり過ごすのも一興だ。

最適期は、レンゲツツジが満開になる6月。標高が高く、積雪のために冬季は閉鎖するルートもあるので、事前に確認しておきたい。また、美ヶ原高原は国立公園に指定されているため、宿泊の際は指定のキャンプ場や宿泊施設を利用しよう。

「思い出の丘」で歩いた道を振り返る（上）／尾根伝いの遊歩道で武石峰へ（下）

セクションハイクのおすすめコース※

1泊2日

DAY 1
烏帽子岩コース（一の瀬～烏帽子岩～武石峠・思い出の丘）
約7.5㎞／約5時間半

DAY 2
景観に優れた武石峰コース（思い出の丘～自然保護センター）
約4㎞／約2時間

問い合わせ先
美ヶ原観光連盟　事務局
TEL ■ 0263-34-8307　E-mail ■ なし
公式サイト ■ http://utsukushi2034.naganoblog.jp

※宿泊は周辺の宿泊施設を利用し、コース起点までレンタカーで移動。

17

白山信仰と浄土真宗の道をつなぐ

白山白川郷トレイル

豊かな原生林には樹齢数百年のブナもある

所在 ● 岐阜県・富山県
全長 ● 100㎞（一部未開通）
高低差 ● 最大2600m
スルーハイク日数 ● 5泊6日

初心者から経験者まで自然を楽しみながら歩く

日本三名山でもある霊峰白山（標高2702m）から、白川郷合掌集落を経て、砺《と》波《なみ》平野の瑞泉寺まで。白山の豊かな自然と、その麓で育まれた文化に触れることができる。

白山の尾根を歩く本格的な山岳エリアや、白川郷周辺の里山エリア、ブナの原生林が広がる大白川エリアなどバリエーションに富み、初心者から経験者まで幅広く楽しめる。

豪雪地帯のため、コースに入れる期間は6月初旬～11月上旬。ブナが芽吹く新緑の森から燃えるような紅葉まで、季節によって趣を変える。

現在は未整備のエリアがあり、舗装路も含まれる。また、山岳エリアでは給水ポイントが限られるため、事前に必ず確認し、しっかり飲料水を準備して臨みたい。

2泊3日の白山登山コースは経験者向け（上）／紅葉で染まる季節もおすすめ（下）

セクションハイクのおすすめコース

1泊2日

DAY 1

白山山麓の秘境で巨木を縫って歩く「平瀬温泉郷～大白川」ブナの森キャンプ場泊。5㎞／約5時間

DAY 2

エメラルドグリーンの白水湖で癒やされる「白水の滝～白水湖」
2㎞／約2時間

問い合わせ先

白山白川郷トレイルクラブ事務局（トヨタ白川郷自然學校内）
TEL ■ 05769-6-1187　E-mail ■ info@eco-inst.jp
公式サイト ■ http://hstc.jp

18

瀬戸内海の「多島美」を一望する

広島湾岸トレイル

所在● 広島県
全長● 280.4㎞（全開通）
高低差● 最大809m
スルーハイク日数● 17泊18日

広島市の街並みの向こうに瀬戸内海を望む

標高の低い里山で安心 広島湾を一周する

広島湾岸の山・川・街・海・島をつなぎ、4市5町をまたいで280・4㎞をぐるりと一周するラウンド型のコース。都市に隣接しているため、交通の便がいい。キャンプ場や公営の宿泊施設もあり、街に下りて息抜きもしやすい。

標高が低く（200〜800m）、比較的整備の行き届いた里山のため、初心者でも歩きやすい。また、春夏秋冬を通して気候が温暖で、オールシーズン楽しめる。

セクションハイク向けのコースは、広島市周辺の山々を歩く道や、海を渡って島を歩く道、原爆ドームのある平和公園や世界遺産「厳島《いつくしま》神社」を巡るものなどさまざま。コースのどこからでも瀬戸内海に浮かぶ島々の美しさを堪能できる。

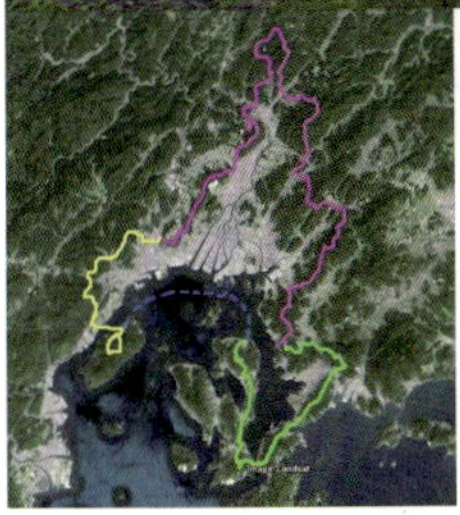

多くの史跡が残る武田山からの展望（上）／市街地を囲むようなラウンド型のコース（左）

セクションハイクのおすすめコース

1泊2日

DAY 1
広島市内から山へ入る「広島南アルプスコース」（武田山〜鈴ヶ峰山）
19.5㎞／約9時間

DAY 2
世界遺産を巡って弥山《みせん》へ登る「宮島コース」（宮島桟橋〜弥山）
12.8㎞／約6時間

問い合わせ先

広島湾岸トレイル協議会
TEL■090-4890-1940　E-mail■mugenn@aqua.ocn.ne.jp
公式サイト■なし

特定非営利活動法人日本ロングトレイル協会

2015年設立。全国のトレイル運営機関・諸団体による広報活動と普及促進、情報交流をおこない、海外からも多くの人々を惹き付ける持続可能なトレイルの普及と情報ネットワークの構築を目指す。現在、日本全国の18のトレイル（整備中含む）が加盟している。

装幀　石川直美（カメガイ デザイン オフィス）
本文デザイン　八月朔日英子
本文写真　佐藤幸稔（p2 ～ 9、p33 ～ 136）
イラスト　さいとうあずみ
校正　黒石川由美
撮影・衣装協力　ISG 石井スポーツグループ、Peak Performance
編集協力　オフィス 201
編集　鈴木恵美（幻冬舎）

参考文献

『ウルトラライトハイキング』土屋智哉著（山と溪谷社）
『日本ロングトレイルガイドブック』山と溪谷社アウトドア出版部編（山と溪谷社）
『山道具 選び方、使い方』高橋庄太郎著（枻出版社）
『ロングトレイルという冒険』加藤則芳著（技術評論社）
『LONG TRAIL HIKING』ユーフォリアファクトリー編（講談社）
『ロングトレイルはじめました。』シェルパ斉藤監修　根津貴央著（誠文堂新光社）

免責事項

特定非営利活動法人日本ロングトレイル協会は、本書の閲覧によって生じたいかなる事故を含む損害にも一切責任を負いません。また、「巻末付録 日本全国おすすめコースガイド18」の情報は、各コースの事務局等から提供されているものです（2016年8月現在）。情報の詳細については各コースの問い合わせ先にご確認ください。

知識ゼロからのロングトレイル入門

2016年 8 月10日　第1刷発行

監　修　特定非営利活動法人日本ロングトレイル協会
発行人　見城 徹
編集人　福島広司

発行所　株式会社 幻冬舎
〒151-0051　東京都渋谷区千駄ヶ谷4-9-7
電話　03（5411）6211（編集）　03（5411）6222（営業）
振替00120-8-767643
印刷・製本所　近代美術株式会社

検印廃止

ISBN978-4-344-90317-3 C2095
Printed in Japan
幻冬舎ホームページアドレス　http://www.gentosha.co.jp/
この本に関するご意見・ご感想をメールでお寄せいただく場合は、comment@gentosha.co.jpまで。